Escapadas o Renovación: ¿Puede el Viajar Lograr Ambas?

El Papel que Juega el Viajar en el Bienestar Mental, la Felicidad y el Descubrimiento Personal

Elizabeth Delgado

liz@rainbowtextpublishing.com

www.RainbowTextPublishing.com

Contenido

¡Únete a Nuestra Comunidad Exclusiva de Viajeros!

¡Embarca en un viaje con nuestra exclusiva comunidad de viajes!

¿Estás listo para elevar tus experiencias de viaje? Te invito cordialmente a unirte a nuestro Club de Lectores Viajeros, una comunidad exclusiva para aquellos que comparten una pasión por la exploración y el descubrimiento. Como miembro, descubrirás un mundo de recursos invaluables diseñados para mejorar cada aspecto de tu viaje.

Imagina tener acceso a los mejores descuentos en vuelos y hoteles, haciendo tus destinos soñados más alcanzables que nunca. También te proporcionaremos listas de empaque completas adaptadas para cada temporada y destino, ya sea un paraíso invernal, una escapada de verano en la playa, aventuras europeas o lujosos cruceros.

¡Pero eso no es todo! También descubrirás un conjunto de aplicaciones y sitios web esenciales, meticulosamente seleccionados para ayudarte a organizar tus itinerarios, pasar sin problemas por la seguridad del aeropuerto y mantenerte informado y seguro dondequiera que te lleven tus viajes.

Únete a nuestro Club de Lectores Viajeros hoy y transforma tu manera de viajar, haciendo cada viaje más eficiente, agradable y extraordinario.

Una vez que te inscribas, recibirás un enlace donde podrás descargar los documentos que contienen los recursos de viaje mencionados anteriormente, en adición a mantenerte actualizado sobre nuevos lanzamientos de libros.

Inscríbete aquí https://www.rainbowtextpublishing.com/travel-readers-group

Si necesitas ayuda para planificar esa aventura tan esperada, no dudes en visitar la página web de mi Agencia de Viajes, Never Stop Packing Travel, en www.NeverStopPacking.com

Introducción

Todavía puedo recordar la emoción que sentí en mi primer vuelo internacional, rumbo a Italia. Mi mente estaba llena de imágenes de famosos monumentos que solo había visto en películas y a través de las redes sociales. Intenté prepararme para este viaje aprendiendo algunas frases básicas como: 'Buongiorno', 'Buonasera' y 'Grazie'. Estas palabras básicas eran mi amparo, todo lo que usaría para navegar por este país desconocido. Este fue mi gesto de respeto hacia esta nueva cultura.

Una oleada de emoción me invadió, acompañada de un toque de ansiedad. Estaba a punto de sumergirme en un país lleno de historia, equipado solo con unas pocas frases y mi ingenio. No había guías locales, ningún amigo para ayudarme, ninguna red de seguridad.

Estaba a punto de navegar un idioma desconocido, un sistema de transporte no familiar y la absoluta imprevisibilidad que conlleva viajar. Ninguna de estas cosas me preocupaba lo suficiente como para detenerme de emprender en este viaje. La anticipación y la emoción me llenaban mientras pensaba en la aventura que se acercaba.

Mi recuerdo más vívido de ese viaje no fue la increíble visita al Coliseo, donde los gladiadores romanos lucharon hace cientos de años, ni la impresionante belleza de la Basílica de San Pedro. Fue mi visita a un encantador restaurante en el centro de Roma, cerca de la Fuente de Trevi.

Fue allí donde mi esposo y yo entablamos una conversación con nuestra mesera. A pesar de que podíamos notar su agotamiento por el trabajo del día, ella fue lo suficientemente amable como para regalarnos una sonrisa y entablar una pequeña charla.

En ese momento, enfrentamos el desafío de nuestras vidas. Entablamos una conversación con nuestro italiano prácticamente inexistente y su inglés fragmentado, con un toque de nuestro español. En medio de la lucha de lenguajes, conectamos. Intercambiamos anécdotas sobre nuestras vidas cotidianas y desafíos, y nos compartió que ella estaba en la edad de jubilación y aún necesitaba trabajar para mantenerse. Entendimos su arduo esfuerzo y simpatizamos con su situación.

Fue una interacción humilde y profunda que trascendió las barreras del idioma. Salí de ese restaurante sintiéndome emocionada, realizada, y muy orgullosa de mí misma. Nunca hubiera pensado que sería capaz de tener ese tipo de conversación con una persona extranjera en un país que nunca había visitado y en un lenguaje que no hablaba.

Esto, pensé, es de lo que se trata viajar. Viajamos para divertirnos, por supuesto, pero no debería ser nuestra única razón para viajar. Necesitamos conectar con otras culturas, entender su estilo de vida y simpatizar con las luchas de todos. El mundo es demasiado grande y no gira en torno a una sola persona, cultura, o país. Es vasto, diverso, y lleno de experiencias de aprendizaje que te convertirán en una mejor persona, si lo permites.

San Agustín dijo una vez: 'El mundo es un libro y aquellos que no viajan leen solo una página'. ¡Oh, cuánta verdad encierran esas palabras! Después de mi primera aventura de viaje, decidí que había demasiado por ver en el mundo.

Siguiendo las palabras de San Agustín, me niego a leer solo una página de este asombroso libro llamado mundo. Haré todo lo posible por explorar este mundo que tantos compartimos.

Viajar es más que tomar selfies en lugares hermosos o compartir cada paso que das en las redes sociales; es una experiencia de aprendizaje. Nos ayuda a ser más adaptables, nos anima a salir de nuestra zona de confort y a desarrollar una independencia única en nuestro interior. Una independencia que muchos de nosotros nunca creímos que podríamos lograr.

También me identifico con otro dicho que dice: 'Viajar es la única cosa que compras y te hace más rico'. Este dicho también me es querido. La riqueza que el viajar aporta no está en objetos físicos, sino en una riqueza de experiencias y recuerdos duraderos, del tipo que no tiene precio y atesorarás durante años.

En este libro, nos embarcamos en un emocionante viaje para comprender los efectos transformadores del viajar. Exploraremos las numerosas ventajas que introduce en nuestras vidas, desde mejorar el bienestar mental y reducir el estrés, hasta fomentar el desarrollo personal y derribar obstáculos mentales.

Nuestro objetivo es afrontar las ideas equivocadas comunes que impiden que las personas viajen, desafiando la idea de que siempre es costoso, arriesgado o demasiado complicado. Nuestro modo implica superar desafíos al proporcionar estrategias prácticas para convertir pretextos comunes en justificaciones. Despejando el camino hacia tu objetivo, ver el mundo y toda su hermosa diversidad.

Antes de comenzar nuestro viaje, permíteme compartir un poco sobre mí. Soy más que tu guía; soy una entusiasta del viaje apasionada por las diversas culturas del mundo, los paisajes impresionantes y los tesoros ocultos. Mi amor por la exploración me ha llevado a diversos lugares, desde bulliciosas ciudades llenas de gente hasta lugares tranquilos alejados de los caminos turísticos habituales.

Estos viajes personales no solo han traído satisfacción y felicidad a mi vida, sino que también han encendido en mí el deseo de compartir la alegría de viajar con otros. Este amor por viajar me llevó a fundar una agencia de viajes desde mi hogar.

Te estarás preguntando: '¿Una agencia de viajes en estos tiempos?' Sí. Mi pasión es demasiado grande para guardarla para mí misma, así que la comparto de la mejor manera que puedo: ayudando a otros a hacer realidad sus sueños de viajar. Y ahora, mi último esfuerzo, compartir mis pasiones a través de las palabras escritas.

Todos los días, tengo la oportunidad de crear experiencias memorables para mis clientes, personalizando viajes para que coincidan con sus deseos y sueños, ayudándolos a enfrentar sus miedos y alegrándome con las increíbles historias que traen de vuelta.

Este libro continúa esa pasión: es una recopilación de conocimientos adquiridos a lo largo de años de mis propios viajes y de mi experiencia profesional, con el objetivo de motivar, orientar y ayudarte mientras consideras tus futuras aventuras de viaje.

Así que te invito: prepárate y deja atrás cualquier noción preconcebida mientras nos embarcamos juntos en este esclarecedor viaje. Aprenderemos que viajar no se trata solo de divertirse o visitar los lugares más famosos.

Descubriremos que el viaje nos ofrece beneficios que el dinero no puede comprar, como el bienestar mental, el crecimiento personal y algo tan simple como pura alegría. Se trata de más que aprender a viajar; se trata de dar la bienvenida a una vida enriquecida por nuestras aventuras.

Revelando los Mitos de Viajes

Derribando las Barreras para tus Aventuras Soñadas

En nuestro vasto y diverso mundo, es bastante común que malentendidos sobre el viajar invadan las mentes de aquellos que están pensando en aventurarse. Estas concepciones erróneas, a menudo formadas a partir de verdades parciales y preocupaciones exageradas, pueden reprimir el deseo de explorar y crear obstáculos invisibles para aventuras extraordinarias.

En los capítulos siguientes, vamos a revelar la verdad detrás de algunos mitos de viaje ampliamente difundidos.

Te guiaremos a través de errores comunes al pensar en gastos, seguridad, desafíos lingüísticos y más, iluminando el camino con hechos y experiencias personales. Nuestro objetivo al enfrentar estos mitos es aclarar cualquier duda, ampliar tus horizontes, inspirarte a salir de entornos familiares y embarcarte en un viaje de exploración alrededor del mundo.

Ahora, derribemos estos mitos de viaje, eliminando cualquier duda o confusión que pueda impedirte embarcar en tu próxima aventura. Desmantelemos estas concepciones erróneas una a una, asegurándonos de que no obstruyan tus aspiraciones de viajar. Y una vez que hayamos despejado el camino, pasaremos a la parte más gratificante de este libro: descubrir los BENEFICIOS profundos y transformadores del viajar.

Prepárate para descubrir no solo cómo viajar, sino cómo cada viaje puede enriquecer profundamente tu vida de maneras que nunca esperaste.

Un Viaje a Través del Tiempo y la Economía

Los viajes, hace medio siglo, eran una experiencia única en comparación con las amplias opciones que tenemos hoy día.

En la década de 1970, volar no era una actividad cotidiana. Era un lujo, caracterizado por menos opciones de vuelo y destinos, todo envuelto en un aspecto de fascinación y privilegio. Solo aquellos con la facilidad económica podían viajar, dejando al resto con solo sueños de viaje.

Volviendo al presente, el cambio no es nada menos que extraordinario. Un aumento en la competencia entre aerolíneas, hoteles y otros servicios turísticos ha reescrito las reglas, reduciendo los precios y poniendo al alcance de la mayoría el sueño antes lejano de viajar.

Ahora, vamos a aliviar tus preocupaciones sobre los costos y mostrarte varias maneras de cómo manejar estos gastos, arrojando luz sobre algunas de las figuras clave en el sector de turismo, los cuales componen una gran parte de tu presupuesto de viaje.

1

Costos de los Viajes

Como Presupuestar, Ahorrar y Maximizar tu Dinero

Aerolíneas: Navegando por los Cielos y tu Billetera

Existe la creencia común de que los viajes en avión son un lujo costoso, una inversión financiera demasiado grande para algunas personas e inalcanzable para una familia entera. No es un secreto que el costo de los vuelos se ha multiplicado por diez en las últimas décadas, y al mismo tiempo, han disminuido la calidad del servicio que solían ofrecer.

Desafortunadamente, el costo del boleto aéreo es el componente más caro de un viaje y puede consumir una parte considerable de tu presupuesto. Pero, existen formas de reducir este costo sustancial, aunque requiere de cuidadoso análisis y planificación.

Ahora, hablemos de algunas formas de desalentar la idea de que un boleto aéreo es demasiado costoso para poder viajar.

Aquí es donde entran las aerolíneas de bajo costo, sirviendo como una bendición y una maldición al mismo tiempo. Son salvavidas para aquellos con un presupuesto estricto, ofreciendo la posibilidad de viajar sin arruinarse. Pero debes ser consciente: el precio de la tarifa básica es solo el comienzo de otros cargos que se añadirán.

Estas aerolíneas de bajo costo recuperan sus pérdidas a causa de sus tarifas descontadas, cobrándote una serie de cargos adicionales como el pago por tu equipaje de mano, un asiento cómodo, e incluso recibir un refresco o agua durante tu vuelo podría tener un precio, dependiendo de la aerolínea.

Tu boleto "económico" podría convertirse en uno mucho más costoso debido a estos cargos adicionales, lo que anula el propósito inicial de ahorrar dinero.

Entonces, ¿qué debes hacer? Se reduce a prestar atención a detalles y hacer matemática básica. Antes de que te dejes llevar por una tarifa aérea económica, considera los cargos adicionales por los componentes esenciales que necesitarás o desearás durante tu vuelo.

Comprueba cómo se compara este total con los precios de otras aerolíneas premium, que pueden incluir más comodidades en su tarifa básica. Algunas de estas comodidades incluidas podrían ser equipaje de mano, equipaje facturado, tarifa reembolsable/cambiable y selección gratuita de asientos.

Al elegir un boleto de avión, piensa cuánto será el tiempo de duración de tu vuelo. Para vuelos largos, más de cuatro horas de viaje, pagar un poco más por comodidad y conveniencia está justificado, especialmente cuando los precios finales no están tan distantes de la tarifa económica.

Otra forma inteligente de reducir costos es comprar tus boletos con suficiente antelación. Esperar para comprar hasta el último momento te costará más, la mayoría de las veces.

Si tienes algo de flexibilidad con tus fechas de viaje, intenta no viajar durante períodos muy concurridos como los principales días feriados, en el caso de los Estados Unidos. Piensa en el 4 de julio, el Día del Trabajo, el Día de Acción de Gracias y la Navidad.

Es más difícil encontrar buenas ofertas durante estas fechas, a menos que reserves con un mínimo de seis meses de anticipación.

Otra buena manera de ahorrar en el boleto aéreo es viajar durante las temporadas fuera de pico. Las tarifas tienden a aumentar durante los meses de verano, cuando los niños están fuera de la escuela y el clima es más agradable, y durante otros períodos de vacaciones escolares importantes como los recesos de primavera y Navidad.

Si viajas con niños durante sus vacaciones escolares, tus opciones de ahorro pueden reducirse drásticamente ya que estarás obligado a viajar durante temporada alta.

De tener la flexibilidad, elegir viajar en fechas de menor actividad y menos buscadas puede ahorrarte dinero y brindarte una experiencia más tranquila y auténtica. Esto te brinda la oportunidad de disfrutar de lugares y atracciones sin las interminables filas, multitudes de personas y alojamientos costosos.

Estas son algunas de las varias tácticas que puedes utilizar para que la compra de boletos aéreos sea más manejable y alcanzable, lo que te ayudará a emprender tu próxima aventura de viaje.

Alojamiento en Hoteles: Seleccionando la Estancia Perfecta para tus Necesidades de Viaje

Explorar la gama de opciones de hoteles disponibles puede ser abrumador, especialmente cuando intentas ser consciente de tu presupuesto. El costo del alojamiento depende de varios factores, siendo el más importante la ubicación.

Las siguientes condiciones aumentarán el precio de alojamiento: hospedarse en un hotel en una ubicación privilegiada o cerca de un centro turístico. Un hotel que ofrece una variedad de comodidades y servicios, como gimnasio, spa y servicio de *concierge*.

No olvidemos la categoría o calificación del hotel. Quedarse en un hotel de cinco estrellas o con renombre de lujo también aumentará la tarifa por noche.

Existen muchas opciones de alojamiento para todos los presupuestos y gustos. Solo se trata de elegir lo que es más importante para ti: la ubicación, las comodidades o mantenerte dentro de tu presupuesto.

Mis requisitos de alojamiento son simples: la propiedad debe estar limpia, contar con servicios básicos de hotel, cerca de transportación publica y, muy importante, debe estar en una zona segura. Una vez que un hotel cumple con estos requisitos, estoy dispuesta a hospedarme donde mejor se ajuste a mi presupuesto. Ahora, hablemos de los diferentes tipos de alojamiento.

Diversas Opciones para Cada Presupuesto

Los alojamientos vacacionales se encuentran de todas las formas, ofreciendo opciones para el viajero de bajo presupuesto hasta el viajero de lujo. Comencemos con las opciones disponibles para aquellos que tienen un presupuesto ajustado.

Los hostales *(hostels)* ofrecen precios muy razonables, pero tienen varios inconvenientes. Ofrecen habitaciones compartidas, las cuales compartes con al menos dos huéspedes o más, y las camas son en forma de litera lo cual les permite acomodar más huéspedes.

Algunos hostales pueden ofrecer habitaciones que pueden albergar hasta ocho huéspedes, y otros pueden ofrecer habitaciones privadas, pero a un costo más alto.

En este tipo de hospedaje careces de privacidad y corres el riesgo de que te roben tus pertenencias. Los hostales ofrecen cajones asegurados donde puedes guardar tus artículos personales. En adición, debes compartir el baño y recibes comodidades muy limitadas, si alguna.

Esta es una opción muy popular entre los jóvenes viajeros, especialmente mochileros que recorren el continente europeo. Es una excelente opción si deseas socializar y conocer a nuevas personas de todo el mundo, sin gastar demasiado dinero.

Cuando buscas un poco más de comodidad sin gastos excesivos, están disponibles las cadenas de hoteles estándar y pequeños hoteles boutique. Estos ofrecen las comodidades básicas de hotel y servicio al cliente, todo dentro de rangos de precios razonables. Los precios variarán según la cadena de hoteles que elijas y los factores anteriormente mencionados.

Otra excelente opción son los complejos vacacionales (*resorts*) todo incluido, que incluyen tu estancia, todas las comidas, y bebidas por una tarifa fija. Al ser una tarifa fija, te ahorrarás mucho dinero en alimentos y bebidas. Estos complejos vacacionales ofrecen una gran cantidad de comodidades, servicios, y actividades, todo bajo el mismo precio.

Las estadías todo incluido te permiten concentrarte en disfrutar de tu estancia, en lugar de preocuparte por el balance de tu factura final de hotel al momento de hacer el registro de salida.

Puedes encontrar complejos vacacionales todo incluido básicos, de medio rango, y hasta de lujo, lo que te brinda opciones para elegir de acuerdo tu presupuesto y preferencias. Este es mi tipo de alojamiento favorito cuando visito México o el Caribe.

Si deseas darte un gustazo, y cuentas con el dinero para hacerlo, entonces los complejos vacacionales de gama alta y hoteles de lujo ofrecen servicios y comodidades de primera categoría.

Estas propiedades se encuentran mayormente en ubicaciones privilegiadas y podrán satisfacer todos tus deseos y necesidades. Por supuesto, habrá un precio que pagar por este tipo de alojamiento, y puede ser sustancial.

Alquileres Vacacionales

Si deseas alojarte en un lugar donde puedas disfrutar de esa sensación de hogar que tanto amas, especialmente si viajas en un grupo grande o con la familia, entonces los alquileres vacacionales son una excelente opción.

Puedes alquilar casas o apartamentos totalmente amueblados, por cualquier período de tiempo y con todas las comodidades de un hogar, dependiendo de la propiedad. Encontrarás propiedades vacacionales básicas o de lujo disponibles para alquiler en ubicaciones alrededor de todo el mundo.

Plataformas de alquileres vacacionales como Airbnb y Vrbo, son excelentes opciones para estos tipos de alquileres. Sin embargo, estos alquileres pueden no tener el mismo nivel de servicio y comodidades que encontrarías en un hotel. Por ejemplo, no vas a tener una recepción disponible para ofrecerte orientación o un *concierge* para ayudarte con necesidades específicas.

Es importante saber que los precios de estos alquileres vacacionales han aumentado en los últimos años. Puedes encontrar propiedades donde el alquiler cuesta tanto como, o a veces incluso más, que un hotel que ofrece servicios y comodidades completas.

Entonces, si mantenerte dentro de un presupuesto preestablecido es importante para ti, te sugiero que compares los precios entre alquileres vacacionales y hoteles para ver cuál es más conveniente y cual se ajusta mejor a tu presupuesto.

Estrategias Inteligentes de Reservación

Independientemente de dónde elijas hospedarte, puedes ahorrar dinero utilizando algunas tácticas de reservación inteligentes.

Puedes comenzar haciendo tu reservación con suficiente anticipación. Cuanto más lejos esté la fecha de tu viaje, mejor.

Cuando reservas demasiado cerca de la fecha de llegada, corres el riesgo de pagar una tarifa más alta de lo usual.

En ocasiones, los hoteles ofrecen promociones de último minuto o descuentos para llenar sus habitaciones cuando tienen demasiadas vacantes. Puedes tener suerte y reservar una tarifa con descuento, pero no hay garantía ni forma de saberlo hasta que reserves.

Este es un riesgo que nunca tomaría si viajo con un presupuesto ajustado, ya que me obligaría a esperar a reservar hasta el último momento, y no me garantizaría la tarifa descontada.

Otra forma de ahorrar es registrarte en el hotel a principios de semana, digamos, entre los días lunes y miércoles. Esto puede variar según la ubicación del hotel. Si el hotel se concentra en atender turistas, registrarse a principios o a mediados de semana es la mejor opción para obtener una mejor tarifa. Los hoteles de ciudad que atienden mayormente a viajeros de negocios, pueden ofrecer una mejor tarifa al registrarse durante el fin de semana.

Esto no es una regla escrita en piedra y puede variar según el hotel. Otro factor que puede cambiar esta regla es si hay eventos especiales o conferencias en la zona aledaña al hotel. Al haber eventos especiales, los precios aumentarán de manera significativa y seguramente habrá mucho menos disponibilidad.

En resumen, deberías hacer tu reservación con anticipación, registrarte a principios o a mediados de semana y elegir alojamientos lejos de áreas populares o centros turísticos para ayudar a reducir los costos de hotel.

Si te enfocas en ahorrar demasiado, puede que pierdas muchas comodidades, servicios, o beneficios durante tu estadía. Es esencial equilibrar el ahorro con la conveniencia.

Al final, el mejor lugar para quedarse es aquel que se adapte a tu comodidad financiera, preferencias personales y aspiraciones de viaje. Ya sea la confiabilidad de un hotel o la sensación acogedora de un alquiler estilo hogareño, tomar una decisión informada puede hacer que tu viaje sea agradable sin costarte demasiado.

Transporte: Comprendiendo tus Opciones de Transporte en el Extranjero

Organizar y presupuestar el transporte es clave al planificar tus vacaciones. Tus decisiones dependerán de varios factores, incluyendo el país/ciudad a dónde viajarás, qué tan conveniente es el transporte allí, cuánto cuesta y qué método de transporte prefieres utilizar.

Los siguientes métodos de transporte están más dirigidos a Europa, pero también pueden ser prácticos para viajar dentro de los Estados Unidos. Exploremos estas opciones:

Taxis y Servicios de Viajes Compartidos

Los taxis y los servicios de viajes compartidos (*ride-share*) son excelentes opciones para llevarte exactamente a donde quieres ir, sin las molestias de hacer paradas innecesarias, pero pueden costar más que el transporte público.

Un beneficio de viajar en taxi es el poder conversar con el conductor ya que puede ser muy útil y te puede brindar información que podría ayudarte a mejorar tu experiencia de viaje.

Cuando tomas un taxi mientras viajas en el extranjero, es importante que elijas a un taxista con licencia. Muchos conductores sin licencia de taxista ofrecen sus servicios, lo que podría ser un problema si tuvieses un accidente automovilístico o cualquier incidente con el conductor.

Al conductor no tener licencia de taxista, significa que no está asegurado y no podrás someter ninguna reclamación por daños en caso de algún accidente.

Además de no estar asegurado, significa que tampoco está regulado, lo que le permite aumentar la tarifa a su gusto, especialmente si te reconoce como turista. Siempre acude a una parada de taxis, y si vas a tomar uno en la calle, asegúrate de que esté identificado como un taxi oficial.

Los servicios de viajes compartidos son una excelente opción si están disponibles en la ciudad que visites. Uber es muy reconocido en los Estados Unidos y también provee servicio en varias ciudades europeas.

La mayoría de las principales ciudades de Europa tienen sus propias aplicaciones de viajes compartidos, lo cual te brinda otra opción para descargar y utilizar durante tus viajes. Estas aplicaciones locales pueden resultar más económicas que Uber. Recomiendo que coordines un viaje en la aplicación local y en la de Uber, así puedes comparar precios y utilizar el servicio que sea más económico.

Yo prefiero los servicios de viajes compartidos ya que me permiten saber exactamente a dónde me dirijo y cuánto me costará el viaje, evitándome sorpresas desagradables al final de mi viaje.

Alquiler de Automóviles

Recomiendo alquilar un automóvil si estás visitando un lugar donde el transporte público no es muy accesible, no ofrece un buen servicio o si prefieres tener la libertad de moverte a tu antojo.

A esto tienes que agregar los gastos adicionales que conlleva un alquiler como los seguros, gasolina, peajes, y otros cargos que las compañías de alquiler puedan incluir en tu reservación.

¿La ventaja de alquilar un automóvil? Tienes la oportunidad de descubrir lugares ocultos a tu propio paso. Cuando alquilas un auto, puedes ir a donde quieras, cerca o lejos, y tomarte el tiempo que necesites.

A diferencia de tomar transporte público a un lugar más lejano, donde debes estar atento a los horarios para asegurarte de no perder tu último transporte de regreso a tu lugar de partida. Cuando participas en una excursión en la que tu tiempo está controlado, a veces te quedas con deseos de haber pasado más tiempo en tus lugares favoritos visitados.

Si tienes automóvil, no tienes que preocuparte de tener el tiempo limitado. Todas estas son razones válidas para justificar el alquiler de un auto.

Autobuses / Trenes (Metro)

Elegir el transporte público, especialmente para trasladarse entre ciudades concurridas, puede ahorrarte mucho dinero. Es una opción confiable (la mayoría del tiempo) y económica. Además, te ofrece una verdadera experiencia de la vida local, haciendo que tu experiencia sea una más auténtica.

Los autobuses públicos son una excelente opción, ya que te permiten ver el paisaje de una nueva ciudad mientras te diriges a tu destino. El inconveniente de éstos es que puedes experimentar mucho tráfico, dependiendo de la ciudad, lo cual puede robarte tiempo preciado que podrías utilizar para llevar a cabo otras actividades.

Otro inconveniente es que los autobuses públicos no son tan puntuales como el metro o los ferrocarriles. En ciudades europeas podrías pasar horas esperando por un autobús, lo que lo convierten en un servicio ineficiente, en cuanto a ahorrar tiempo se refiere.

Tomar el metro es una excelente opción. Son rápidos, económicos y puntuales. Muchos sistemas de metro, dependiendo de la ciudad, ofrecen paquetes de boletos para pasajeros.

Estos son una excelente manera de ahorrar dinero si planificas usarlo con frecuencia durante tu estadía. En adición, los metros te brindan la oportunidad de tener una idea de cómo los residentes locales transitan diariamente.

Tomar ferrocarriles de alta velocidad (*high-speed* o *bullet train*) entre ciudades europeas es una excelente opción. Aunque los ferrocarriles de alta velocidad pueden tomar más tiempo que un avión, tienen precios sumamente razonables y atractivos, y te permiten disfrutar del paisaje mientras viajas.

Este es mi método de transporte favorito, después de caminar, cuando voy a visitar más de una ciudad europea, siempre y cuando cuente con el tiempo disponible.

Caminar / Alquiler de Bicicletas

Para experimentar un nuevo destino, especialmente en los centros de ciudades transitables en Europa, nada supera caminarlos o ir en bicicleta. Es una forma fantástica de mantenerse activo y también te brinda una perspectiva única sobre la cultura local, las personas y los lugares de interés.

Si vas a caminar hacia las atracciones que deseas visitar, planifícalo con anticipación y coordina tus visitas por área. Te recomiendo que utilices Google Maps, o tu aplicación de mapas favorita, y marques todas las atracciones que deseas visitar. Agrúpalas por sector, asegurándote de que estén a una distancia que puedas caminar una de la otra.

Esto te ahorrará dinero en transporte y te mantendrá activo durante tus viajes, lo que te permitirá degustar de las delicias culinarias locales sin preocuparte por aumentar de peso. Por supuesto, habrá momentos en los que debas tomar un taxi o transporte público, pero si planificas correctamente, podrás minimizar estos gastos de transportación.

En cuanto al alquiler de bicicletas en ciudades europeas, te recomiendo que las manejes con mucho cuidado si decides alquilar una. Investiga cómo conducen los residentes locales antes de alquilar una bicicleta. Esto te permitirá saber si te sentirás seguro manejando una entre los conductores locales.

Te sorprendería ver como conducen automóviles en ciertas ciudades europeas. Es tan impresionante que puede sentirse como si tuvieras tu vida en tus manos cada vez que cruzas una calle. En mi experiencia, esto es especialmente cierto en la ciudad de Nápoles, en Italia.

Tratar de entender todas tus opciones de transporte no tiene por qué ser abrumador. Con planificación estratégica, puedes aprovechar al máximo tu presupuesto de viaje sin perder experiencias ni sacrificar la riqueza de tu viaje.

Ya sea que estés disfrutando de la comodidad de un taxi, la libertad de un auto de alquiler, la sensación de transporte público o la intimidad de caminar o andar en bicicleta, cada uno tiene sus propios beneficios y ventajas.

El secreto está en elegir el método que mejor se adapte a tus preferencias de viaje, tu presupuesto y tu amor por la aventura. Recuerda que la forma en que viajas es tan importante como el destino y tomar decisiones de transporte inteligentes puede elevar tu experiencia de viaje de ordinaria a extraordinaria.

Disfrutando de la Cocina Local: Una Exploración de Sabores

Disfrutar de la cocina local es una parte fundamental de cualquier vacación. Esto significa que te sumergirás en la cultura culinaria del lugar que estés visitando. Recuerda que parte de la atracción de visitar un nuevo país es probar su gastronomía local.

Disfrutar de la cocina local no tiene por qué vaciar tu billetera, aunque puede hacerlo si tu deseo es degustar la cocina de primera clase en restaurantes con estrellas Michelin.

Pero para aquellos que disfrutan descubrir auténticas delicias locales saboreando comida callejera o encontrando una cafetería local, pueden deleitarse sin gastar una fortuna.

Como viajeros, a menudo nos convertimos en aventureros gastronómicos, ansiosos por probar nuevos platos, incluso si nos cuesta pronunciarlos.

Si deseas tener una auténtica experiencia culinaria y no gastar en exceso, evita los restaurantes dirigidos a turistas. Son conocidos por sus platos poco inspiradores, muchas veces desabridos y sobreprecio.

Estos lugares son comunes, especialmente alrededor de las zonas turísticas populares en Europa. Son reconocibles por sus extensos menús con fotos, traducidos en varios idiomas, y anfitriones demasiados entusiasmados invitándote a entrar a su restaurante.

Aprendí esto de la manera difícil en un restaurante de Roma con vistas a la Fontana de Trevi. Esta visita resultó en una factura alta, en comparación con los precios de la ciudad de Nueva York (los cuales son altos), por una cena muy poco impresionante, que pude haber preparado yo misma en casa.

Explorar el panorama culinario local no se trata solo de gastar menos; es sumergirse en el corazón cultural de los lugares que visitas. Puedes encontrar la verdadera esencia de la cocina de una región en sus concurridos mercados de alimentos, en los sencillos vendedores ambulantes y en pequeños restaurantes familiares.

Estos lugares a menudo representan el corazón del mundo culinario de una ciudad. En los restaurantes más pequeños encontrarás una mejor calidad de comida, precios más razonables, menos tiempo de espera, y una experiencia más auténtica en comparación con los restaurantes turísticos más concurridos.

Por lo tanto, al crear tu presupuesto, reconoce que la comida representa más que simplemente alimentarse; es una experiencia inmersiva.

Presupuesta con cuidado, aventúrate fuera de los puntos turísticos y recibe con brazos abiertos los inesperados tesoros culinarios que encontrarás. Las historias que compartirás no se centrarán en los gastos incurridos, sino en los recuerdos creados y los sabores auténticos que dieron vida a tus viajes.

Explorar más allá del Hotel: Turismo y Actividades

Viajar es más que quedarse dentro de los límites de tu hotel. Se trata de sumergirte en tu destino y experimentar las maravillas que tienen al mundo hablando. Sin embargo, estas aventuras pueden volverse costosas con los boletos de admisión a tus atracciones favoritas.

Aquí tienes un consejo útil: muchas ciudades en Estados Unidos y Europa ofrecen *City Passes,* o Pases de Ciudad, que permiten la admisión a muchas atracciones principales de esa ciudad por un precio fijo. Si tu visita es corta o se centra en visitar solo algunas atracciones específicas, un pase puede que no sea la opción más económica.

Sin embargo, para aquellos que desean experimentar los atractivos más destacados de toda una ciudad, o tantos como puedas, esta opción podría ahorrarte mucho dinero.

Así es cómo debes planificar: calcula el total de los costos de admisión para las atracciones que prefieres visitar. Si un Pase de Ciudad ofrece acceso a estas atracciones por menos dinero, es una clara victoria.

Recuerda tomar en consideración la cantidad de museos que ofrecen entrada gratuita, especialmente en ciertos días de la semana o para grupos demográficos específicos (como personas de la tercera edad, estudiantes, etc.). Llevar a cabo un poco de investigación previa puede proveer ahorros notables durante tu viaje.

No te pierdas las enriquecedoras experiencias que no cuestan nada. Solo porque una experiencia sea gratis no significa que será mediocre. Por ejemplo, las giras gratuitas con guía a pie, ofrecidas por lugareños conocedores, ofrecen una inmersión profunda en la historia de la ciudad y en sus lugares secretos.

Aunque estas giras no tienen un costo establecido, es de buena educación (y sumamente apreciado) dar una propina a tu guía en efectivo. Recuerda utilizar la moneda local para dejar tu propina.

Plataformas como Viator o Get Your Guide, así como los sitios web oficiales de las compañías de turismo del país o la ciudad que visitarás, son excelentes recursos para encontrar giras a pie.

No olvides incluir parques locales, espectáculos callejeros improvisados, mercados locales, y festivales animados en tus planes. Estas experiencias ofrecen una visión de la cultura cotidiana sin afectar tu presupuesto.

Reservar dinero para hacer turismo es fundamental; forma el núcleo de tu experiencia de viaje. No asignar suficientes fondos para este aspecto puede llevar a sentir que te perdiste algo, dejándote anhelando lo que podría haber sido un recuerdo más vívido y profundo de tu viaje.

Planificando sabiamente, tu viaje puede ir más allá del turismo típico, convirtiéndose en un descubrimiento memorable de lugares desconocidos.

El Arte de Elegir Recordatorios: Conservar Recuerdos Sin Arruinar tu Bolsillo

Otro componente de los gastos de viaje a menudo se presenta en forma de recordatorios, o *souvenirs*, un área de gasto que puede aumentar considerablemente si no se mantiene bajo control.

Es normal querer un recuerdo físico de nuestros viajes, un artículo que represente la esencia de nuestras experiencias de viaje. Sin embargo, la tarea adecuada es evitar caer en la trampa de gastar en baratijas que terminan siendo más porquerías que recuerdos queridos.

La verdad sea dicha, hay un límite en la cantidad de llaveros que uno puede poseer y encontrar útiles. Estos artículos, aunque populares, a menudo pierden su atractivo con cada compra. Podría ser más prudente considerar recordatorios que sean útiles.

Por ejemplo, me encanta regalar camisetas, ya que tienen un uso práctico y todos encuentran utilidad en una camiseta. Puedes encontrarlas a precios razonables en mercados locales o tiendas de la ciudad, a diferencia de sus contrapartes en las tiendas de aeropuerto, con precios excesivos.

Sin embargo, no todos los recuerdos tienen un costo. Un recordatorio cariñoso y moderno podría ser crear un álbum de fotos digitales. Reúne los momentos más destacados, los instantes espontáneos, los paisajes impresionantes y conviértelos en una historia digital para compartir con amigos y familiares.

Este método captura recuerdos en un formato accesible que puedes revisitar en cualquier momento. La mejor parte es que no te costará ni un centavo, solo un poco de tu tiempo.

Pero, si prefieres recordatorios físicos, tal vez debido a una tradición familiar o al placer de regalar, es prudente asignar una parte de tu presupuesto para estas compras. Esta sencilla y reflexiva planificación ayuda a mantener bajo control tus gastos de viaje y protege tu experiencia general de viaje.

2

Encontrando Tiempo para Viajar

Haciendo Espacio para el Mundo en Tu Agenda Ocupada

En nuestra cultura laboral moderna y acelerada, especialmente en ciudades dinámicas, encontrar tiempo para viajar, incluso con disponibilidad de días libres pagados, parece un lujo inalcanzable.

Tal vez estemos involucrados en demasiados proyectos personales o simplemente no sea el momento adecuado para viajar. Si lo pensamos, siempre habrá algo que nos impida viajar.

Sin embargo, el profundo deseo de descubrir lugares desconocidos nos llama a dejar de lado nuestras excusas y gestionar nuestro tiempo de manera inteligente para disfrutar de esas merecidas vacaciones.

La buena noticia es que hay varias formas efectivas de asegurarnos de que podamos disfrutar del tiempo de vacaciones que hemos ganado y tanto anhelamos.

En este capítulo, exploraremos consejos y perspectivas útiles para equilibrar las responsabilidades laborales y los compromisos personales, preparando el escenario para tu próximo y emocionante viaje.

Estrategias para el Uso de Días Libres: Maximizando tus Días de Vacaciones

Para muchas personas que trabajan, especialmente aquellas que laboran en el mundo corporativo, los días de vacaciones anuales son preciados. Dado que la mayoría de nosotros tiene un promedio de 15 días de tiempo personal disponibles cada año, aprovechar al máximo cada día es crucial para los aficionados de los viajes.

Una de las tácticas más inteligentes para maximizar tu período de vacaciones implica sincronizar tus días libres con los días festivos establecidos por tu empresa.

Imagina una estructura de trabajo regular de lunes a viernes, con un día festivo que cae un lunes, lo que te brinda un fin de semana de tres días. Al tomar el jueves y el viernes adyacentes, o quizás el martes y el miércoles siguiente al día feriado, creas un largo descanso de cinco días utilizando solo dos días de tus vacaciones oficiales.

Este enfoque es ideal para escapadas más cortas o minivacaciones, como yo las llamo, que te permiten la libertad de viajar sin afectar tus días acumulados de vacaciones.

De hecho, la estrategia de alinear tus vacaciones con los días festivos tiene sus desventajas. Los días festivos son momentos pico para viajar en Estados Unidos, con un notable aumento tanto en el precio de los boletos de avión como en el alojamiento.

Aquí se presenta una decisión: optar por ahorrar días de vacaciones aprovechando los días festivos, a pesar de los costos más altos, o ahorrar dinero eligiendo momentos de viaje menos populares, que consumirán más de tus días de vacaciones. No hay elección incorrecta.

Esta situación requiere un enfoque cuidadoso y consideración de lo que es más importante para ti. Considera tus prioridades: ¿acaso se trata de extender tu tiempo de vacaciones, mantener un presupuesto o quizás equilibrar ambos?

La asignación estratégica de tus días de vacaciones puede llevar a más oportunidades de exploración, y cada viaje agrega capas invaluables a tus experiencias de vida, mucho más allá de lo que el dinero puede comprar.

Maximizando Viajes Cortos: Escapadas Frecuentes en Lugar de unas Largas Vacaciones

La estrategia de tomar varios descansos cortos a lo largo del año ha cambiado mi enfoque en cuanto al descanso y la relajación. En nuestro mundo acelerado, esperar solo un descanso anual puede parecer casi contraproducente para combatir el agotamiento y el estrés.

He descubierto que distribuir múltiples escapadas cortas a lo largo del año es la solución ideal, ofreciendo intervalos regulares de renovación.

Naturalmente, existe un sacrificio; las escapadas más cortas no ofrecen la inmersión profunda que podría brindar una estadía prolongada. Es común sentir que apenas estás rasguñando la superficie de lo que un lugar ofrece antes de que sea hora de empacar y volver a casa.

Sin embargo, en lugar de ver esto como una desventaja, lo veo como una oportunidad: es una razón para regresar, un motivo para una exploración más profunda y un incentivo recurrente para interactuar con las maravillas interminables que nos rodean.

Cada escapada rápida actúa como una vista previa tentadora, una promesa de las abundantes posibilidades de viaje que tenemos por delante.

Ya sea que prefieras fusionar tu tiempo libre remunerado en unas vacaciones extensas o fragmentarlo en varias escapadas más pequeñas, no hay un enfoque correcto o incorrecto.

El aspecto crucial es darte ese descanso, por breve que sea, para recargarte. Se trata de calidad sobre cantidad, empapándote de cada experiencia y regresando a casa renovado, una breve escapada a la vez.

Aprovechando la Flexibilidad: La Nueva Normalidad del Trabajo Remoto y el Trabajo con Vacaciones (*Workcation*)

En el mundo de las carreras modernas, el trabajo remoto y el trabajo con vacaciones están en primer plano al ofrecer flexibilidad, allanando el camino hacia un enfoque más equilibrado de nuestras vidas profesionales y personales.

Durante la pandemia de COVID-19, el mundo corporativo tuvo que repensar la forma de llevar a cabo sus negocios como de costumbre en medio de todo el caos. Fue durante estos tiempos oscuros que los trabajadores corporativos, y los patronos, descubrieron que se podía hacer el trabajo sin estar presentes en la oficina.

El trabajo remoto permitió a las personas aprender lo que es crear equilibrio entre el trabajo y la vida personal. Demostró que cumplir con tus deberes como empleado, y al mismo tiempo tener suficiente tiempo para disfrutar de tu vida en casa y tu familia era posible.

Esto se convirtió en el nuevo estilo de trabajo, un regalo invaluable que muchos aún aprecian y disfrutan. Exploremos estos dos conceptos modernos:

Trabajo Remoto: Tu Oficina, en Cualquier Lugar

El trabajo remoto te libera de las restricciones de la oficina tradicional, permitiéndote cumplir con tus responsabilidades profesionales desde tu hogar, una cafetería local o incluso una tranquila playa en alguna isla tropical.

Este enfoque requiere una rutina comprometida para mantener tus responsabilidades profesionales, pero los beneficios son significativos y superan tu compromiso.

Imagina evitar el tráfico de la hora pico, reducir el tiempo y los costos de viajar al trabajo, por supuesto no olvidemos, disfrutar de esos minutos adicionales de descanso en la mañana.

Los beneficios del trabajo remoto se extienden más allá de estas comodidades inmediatas; es un pasaporte a experiencias globales. Piensa en esto de la siguiente manera: una vez que concluye tu jornada laboral, eres libre de salir y explorar nuevas culturas, comidas y experiencias, enriqueciendo tu perspectiva global.

Desde pasar tus tardes en lugares locales hasta planificar escapadas de fin de semana a nuevas ciudades, tus oportunidades se expanden considerablemente.

¿Alguna vez has imaginado terminar tu día de trabajo y luego salir a explorar las antiguas calles de Roma o dirigirte a una hermosa playa caribeña? El trabajo remoto convierte tales ensueños en posibilidades reales.

Trabajo con Vacaciones (Workcations): Combinando Negocios con Placer

Las *workcations* ofrecen un giro único a la flexibilidad profesional. Imagina esto: estás en un viaje de negocios, ocupado con reuniones y obligaciones laborales. Pero después de que se haya completado el trabajo, en lugar de regresar a casa, extiendes tu visita para disfrutar de un tiempo personal.

Aunque tiempo adicional no permite una exploración exhaustiva del lugar, sirve como un agradable adelanto, suficiente para estimular tu apetito por unas vacaciones más largas en el futuro.

Sí, es un descanso breve, pero es una estrategia efectiva para combinar los viajes de trabajo con el descubrimiento personal, permitiendo echar un vistazo a diferentes lugares. Una ventaja adicional del trabajo con vacaciones es que pueden ayudar a reducir tus gastos de boletos de avión y alojamiento.

Naturalmente, el cambio hacia el trabajo remoto o las *workcations* depende de la adaptabilidad de tu empresa. Vale la pena iniciar la conversación; nunca sabes cómo una simple pregunta podría convertirse en una oportunidad, difuminando aún más las líneas entre vivir y ganar, entre explorar y establecerse. Entre trabajar para vivir, en lugar de vivir para trabajar.

Trazar tus Viajes: La Importancia de Establecer Metas de Viaje

En medio de nuestras ajetreadas rutinas, la idea de viajar a menudo queda como un deseo distante, postergado por otras responsabilidades apremiantes.

Algunas de estas responsabilidades pueden ser un horario de trabajo abrumador, situaciones familiares o incluso la disponibilidad de cuidado infantil. Sin embargo, para aquellos tocados por el llamado de la pasión por viajar, es esencial convertir estos anhelos en objetivos de viaje claros.

Este proceso va más allá de simplemente marcar lugares lejanos en un mapa; se trata de integrar el viaje en tus metas de vida, abrir puertas a nuevas experiencias culturales, delicias culinarias y amplias perspectivas del mundo.

El acto de imaginar tu viaje es un paso clave para hacerlo realidad. A medida que te sumerges en la fase de planificación, cada detalle, desde buscar lugares menos conocidos hasta anticipar exploraciones culinarias, sirve como fuente de inspiración.

Este enfoque nutre tu compromiso, transformando sueños en agendas sólidas y, finalmente, en una realidad.

Comienza con una reflexión personal: ¿Qué despierta tu interés? ¿Es la serena belleza de Nueva Zelanda, las profundas capas históricas de Roma o el ritmo enérgico de Tokio? Es sencillo. ¿A dónde quieres ir? Deja que estas fascinaciones orienten tus decisiones y te guíen hacia tu próxima aventura.

Ahora es el momento de pasar al modo de planificación. Evalúa la logística, incluyendo el presupuesto, el tiempo y el alojamiento. Sé realista en tu planificación: considera tus límites financieros y restricciones de tiempo para crear un viaje que satisfaga tu deseo de explorar sin presionar tus recursos.

Con tu destino en mente, sumérgete en los detalles. ¿Qué lugares son imprescindibles? ¿Qué experiencias locales son esenciales para ti? ¿Cómo te vas a mover mientras estés por allá? Alinear estos elementos con tus pasiones convierte la anticipación en una emocionante escapada de la rutina diaria.

Comprende que establecer objetivos de viaje no es solo un pensamiento caprichoso. Es un compromiso contigo mismo para ir más allá de lo habitual y abrazar lo extraordinario. Y cuando tu ruta está clara y tus planes están trazados, lo que queda es el emocionante despliegue de experiencias que has organizado.

Recibe la fase de planificación con entusiasmo. La felicidad que aporta es solo el comienzo de una serie de experiencias enriquecedoras en el horizonte, que hacen que cada obstáculo en el camino valga la pena y el gasto.

Dar Prioridad a los Viajes: Una promesa de Crecimiento Personal

En nuestras vidas modernas y ocupadas, valorar los viajes significa más que simplemente programar períodos de vacaciones; implica reconocer los viajes como una inversión personal esencial y enriquecedora. La vida, con sus interminables responsabilidades y desafíos imprevistos, a menudo empuja el deseo de explorar el mundo a un segundo plano.

Por lo tanto, estamos posponiendo nuestros sueños, dando prioridad a nuestras responsabilidades y problemas, sobre nuestra felicidad y bienestar mental. Para priorizar los viajes, uno debe cultivar una mentalidad en la que los viajes no sean un lujo, sino un componente necesario para nuestro bienestar.

Este nuevo punto de vista implica reorganizar lo que creemos que necesitamos en la vida, elevando la experiencia de aprender y la conciencia global al mismo nivel que el éxito laboral y la seguridad financiera. Significa ahorrar dinero, por supuesto, pero también tiempo y esfuerzo, para abrir espacio en nuestras vidas para futuros viajes.

Hacer de los viajes una prioridad implica tomar medidas. Regístrate en boletines de viaje, configura alertas para promociones de vuelos o únete a comunidades o grupos que intercambian consejos y posibilidades de viaje.

Mantén tus aspiraciones de viaje cerca con recordatorios visuales y tangibles, ya sea un tablero de visión que muestra fotos de los lugares que deseas visitar o un frasco que recolecta cada moneda que te sobre para tu 'Fondo de Viaje'. Debes creer que tu aventura se convertirá en realidad.

Los viajes no deben verse como una luz distante al final del túnel, un premio que planificas darte a ti mismo 'algún día', 'cuando haya tiempo', 'cuando los niños se muden' o 'al jubilarte'. Al hacer de los viajes una prioridad ahora, invitas a los diversos lugares y culturas del mundo a dar forma y mejorar tu historia personal, añadiendo vitalidad interminable a tu vida.

Planificar tus Viajes con Anticipación: Preparando el Escenario para tu Aventura

Planificar tus viajes a lugares que has anhelado explorar requiere más que solo emoción; exige una preparación minuciosa. Organizar tus viajes con anticipación no solo es aconsejable; es un paso fundamental hacia unas vacaciones sin problemas.

Esta estrategia no solo te ayuda a encontrar mejores ofertas y más opciones, sino que también sienta las bases para una experiencia de viaje más enriquecedora.

En el ámbito profesional, la notificación temprana de tus planes de viaje es fundamental. Comunícate con tu patrono y discute tu ausencia prevista tan pronto como establezcas tus fechas, asegurándote de que haya tiempo suficiente para coordinar tu reemplazo o delegar responsabilidades durante tu ausencia.

Este tipo de comunicación abierta mantiene un ambiente de trabajo positivo y te brinda tranquilidad. Puedes tomar tu descanso con confianza, ya que has asegurado que todo en el trabajo estará bajo control.

Ten en cuenta que una planificación exhaustiva es la aliada de un viajero de confianza. Será la diferencia entre unas vacaciones decentes y una aventura extraordinaria.

Al organizar todo con anticipación, no solo estás planificando un viaje; estás creando una experiencia inolvidable que se adapta a tu gusto y está libre de los contratiempos innecesarios que a menudo acompañan a los planes de último minuto.

Por supuesto, recuerda siempre dejar tiempo para la espontaneidad. Ningún itinerario está escrito en piedra, siempre deja espacio para el cambio.

3

Navegando las Diferencias de Idioma

Desbloqueando Aventuras Mundiales

Una barrera importante que a menudo desanima a las personas a explorar diferentes países es el desafío de las diferencias de idioma. El abrumador pensamiento de no poder comunicarse, especialmente en situaciones urgentes como emergencias o necesidades básicas de navegación, a menudo mantiene a las personas atadas al confort de sus países natales.

Algunas preocupaciones que pueden atormentarlos: "¿Y si necesito ayuda? ¿Y si me pierdo? ¿Y si necesito asistencia médica?"

Como viajero experimentado, puedo asegurarte de que estas preocupaciones, aunque válidas, no deben ser los muros que confinen tu espíritu de aventura. He vagado por las calles ricas en arte de Francia y me he deleitado con los tesoros gastronómicos de Italia sin hablar francés ni italiano.

Ciertamente, me equipé con frases clave, pero ser completamente fluido en el idioma no era mi caso. ¿Estaba ansiosa? Sin duda. ¿Pero obstaculizó mi viaje o disminuyó el placer del descubrimiento? En lo absoluto. Pude desenvolverme y sobrevivir sin hablar el idioma local.

Hoy en día, los avances tecnológicos están borrando estas barreras lingüísticas. Muchas aplicaciones de traducción pueden convertir tu dispositivo móvil en un traductor personal, algo que ha resultado esencial durante mis viajes.

Estas ayudas electrónicas no solo ayudan en conversaciones ordinarias, sino que también te permiten adentrarte en los idiomas locales, enriqueciendo a menudo los encuentros sociales y la comprensión de las complejidades culturales.

Sin embargo, el punto decisivo radica en nuestra actitud. Si consideramos las barreras del idioma como obstáculos insuperables, nos privamos de experimentar la diversidad del mundo. Si las vemos como pequeñas piedras en el camino, aprendemos a navegarlas, aceptarlas, y disfrutar del viaje.

Estas aventuras moldean nuestra percepción global y nutren una autodeterminación y adaptabilidad especial que quizás no sabíamos que éramos capaces de tener.

Por lo tanto, no debemos permitir que la incomodidad de los idiomas desconocidos oscurezca nuestra sensación de asombro. El mundo es una mezcla vibrante de sociedades y nuestros compromisos, ya sea a través de frases incompletas o sonrisas mutuas, nos integran en este mundo.

Bienvenido sea lo desconocido, ya que conforma la esencia misma de la exploración.

4

Preocupaciones de Seguridad

Una Estrategia Prudente para Viajar con Seguridad

La seguridad es esencial, un hecho que permanece constante ya sea que estemos en el santuario de nuestros hogares o viajando por diferentes países del mundo.

La idea de aventurarse en países desconocidos a menudo viene acompañada de inquietudes, muchas veces intensificadas por los aspectos desconocidos de estos lugares distantes o la desinformación.

Sin embargo, estas preocupaciones por la seguridad, aunque legítimas, no deben actuar como barreras que disminuyan tu deseo de viajar, especialmente cuando el destino ha sido un sueño durante mucho tiempo.

En nuestra era actual, los peligros pueden ocultarse en cualquier lugar, incluso en nuestro propio patio, lo que hace que la seguridad sea algo subjetiva. Sin embargo, es cierto que destinos específicos requieren un mayor nivel de precaución. ¿La solución? Investigación exhaustiva.

Antes de emprender cualquier expedición, especialmente al extranjero, es crucial estudiar la dinámica de seguridad de tu destino previsto. Esto implica ir más allá de una simple consulta en línea; significa consultar fuentes confiables, incluyendo avisos de viaje federales e informes de seguridad.

Comprende el entorno, tanto geográfico como político, y familiarízate con las costumbres locales que puedan influir en tu seguridad.

El seguro de viaje, aunque a menudo pasa desapercibido, actúa como tu protector silencioso. Aunque pueda parecer un gasto innecesario, es tan vital como cualquier otro requisito de viaje.

Al igual que el seguro de salud protege contra costos de salud inesperados, el seguro de viaje actúa como un amortiguador financiero, protegiéndote de gastos imprevistos relacionados con interrupciones en tu viaje o situaciones de urgencia.

Aceptar la posibilidad de circunstancias inesperadas no es negatividad; es ser cauteloso. Este conocimiento no disminuye la alegría de los viajes; por el contrario, te permite viajar con más sabiduría y mayor confianza.

Recuerda que dejar que los miedos dicten tus decisiones les otorga un poder injustificado. En cambio, equípate con información, protege tu viaje con un seguro, y abraza la aventura que te espera.

La vida, con toda su imprevisibilidad, debe vivirse al máximo; explora, descubre y celebra las experiencias que tus viajes te brindan.

5

Planificando Viajes Familiares

Dominando el Arte de Viajar con Niños

Viajar con niños puede ser una experiencia gratificante y enriquecedora, pero no es ningún secreto que conlleva muchos desafíos.

Desde empacar pañales y juguetes interminables, hasta manejar horarios de sueño y mantener a los más pequeños entretenidos durante viajes largos, la perspectiva de viajar en familia a veces puede parecer abrumadora, y muchas veces inconcebible para algunos padres.

Estas dificultades, intensas como son, no deben disuadirte de experimentar estas experiencias enriquecedoras con tus hijos. Estos inconvenientes son componentes críticos del viajar, sirviendo como canales para enseñanzas invaluables y la formación de recuerdos inolvidables.

Una dificultad común para los padres son las interrupciones de las rutinas establecidas. Los niños prosperan en la consistencia, y la naturaleza errática de los viajes podría perturbar la estructura a la que están acostumbrados.

Si bien, esto puede provocar rabietas o noches sin dormir, es una oportunidad para que se adapten a nuevas situaciones y entornos, lo que fomenta la resistencia y la flexibilidad.

Piénsalo como el proceso corporal de adquirir anticuerpos. Si no expones tu cuerpo a patógenos, éste no puede generar los anticuerpos que necesitará para luchar contra enfermedades.

Por lo tanto, es importante que los niños se expongan a viajar y a todas las dificultades que conlleva. Aprenderán y se adaptarán. Cuantas más veces los niños se expongan a estas experiencias, más fácil será viajar con ellos.

El proceso de empacar puede sentirse como un rompecabezas interminable, con maletas a punto de estallar llenas de artículos para bebés, coches, juguetes y meriendas. Es cierto que viajar liviano se convierte en un recuerdo lejano cuando los niños están contigo.

Sin embargo, el lado positivo es que aprendes a priorizar lo esencial y adoptas una mentalidad minimalista. Con el tiempo, te convertirás en un experto en empacar, y la alegría de explorar lugares desconocidos superará con creces los problemas de empacar.

Navegar por entornos desconocidos puede ser otro desafío, pero también es una oportunidad de crecimiento y unión.

Los niños aprenden destrezas para resolver problemas a medida que se adaptan a nuevos entornos, y serás testigo de su sentido de asombro mientras descubren los tesoros del mundo, ya sea en un mercado colorido en Marrakech o en una playa prístina en Bali.

Tu papel como padre se convierte en el de guía y mentor, mostrándoles la belleza del mundo y fomentando su curiosidad.

Sí, viajar con niños puede ser exigente, pero las experiencias y los recuerdos que creas juntos no tienen precio.

No dejes que el miedo a lo desconocido o los desafíos del viaje te detengan. Abraza el caos, saborea la alegría y recuerda que las aventuras familiares no se tratan solo del destino; se trata del viaje y de los lazos que se fortalecen con cada aventura.

Entonces, haz tus maletas, reúne a tus pequeños, y emprende un viaje increíble que moldeará la historia de tu familia en los próximos años. El mundo te espera, y tus hijos están listos para explorarlo contigo.

6

Definición de la Edad para Viajar

Tu Pasaporte No Conoce Límites de Edad

¿Existe la posibilidad de ser demasiado mayor para viajar? La misma idea es un concepto erróneo que estamos aquí para desmentir. Viajar no es un privilegio reservado para los jóvenes, sino una gozosa travesía accesible para cualquier persona con espíritu aventurero.

Mientras seas capaz de moverte, con o sin ayuda, y no tengas restricciones médicas prohibitorias, el mundo sigue siendo un libro abierto, esperando que cambies sus páginas.

El concepto de la edad es autoimpuesto, una barrera erigida por expectativas sociales en lugar de limitaciones reales. Hay una profunda verdad en el lema: "Solo eres tan joven como te sientes". Esta creencia no se trata de negar las realidades del envejecimiento, sino de abrazar la pasión por la vida que no reconoce límites cronológicos.

Ciertamente, los cuerpos envejecen, requieren consideración y cuidado, y tal vez nuestras aventuras de viaje difieran de las de nuestra juventud, y no hay nada de malo en eso.

Algunas actividades pueden ser desafiantes, pero ¿cómo reconocerás tus límites si no te aventuras y los pruebas? ¿Cómo sabrás si disfrutarás de la tirolesa (*zip line*) o el snorkel hasta que lo intentes? Es como probar comida por primera vez, no sabrás si te gusta hasta que la pruebes.

Alguien demostró este principio durante un recorrido de exploración de cuevas que hice en México. Entre un grupo de participantes más jóvenes, había una mujer de unos setenta años. Supe su edad porque tuve que preguntarle.

En esa cueva, ella atravesó espacios pequeños, superó rocas desafiantes y nadó en un río subterráneo. Aunque se apoyaba en un bastón, su espíritu y determinación eclipsaron cualquier ayuda física.

Su resistencia fue un testimonio que inspiró a todos, incluyéndome a mí. No solo "logró" completar el recorrido; prosperó, disfrutando cada momento de la aventura sin una pizca de queja.

Su valentía no se limitó a participar; radicó en dejar a un lado las expectativas sociales sobre lo que las personas mayores "deben" o "no deben" hacer. Esta mujer me ayudó a darme cuenta de que no hay nada que no pueda hacer si lo propongo y me esfuerzo.

Su experiencia me sirve como un poderoso recordatorio: la edad no es una limitación. Es una colección de experiencias, sabiduría y una capacidad en desarrollo para la aventura. Enfatiza que nuestra vitalidad no está determinada por los años que hemos marcado en nuestro calendario, sino por la profundidad de las experiencias que seguimos persiguiendo.

Entonces, echemos a un lado los números, los "deberías", los "más adelante", los "demasiado cansados" y los "demasiado tarde". Miremos más allá de la edad, las expectativas sociales, y las barreras que a menudo nos imponemos a nosotros mismos.

Si sientes el llamado, no te límites. Participa en los viajes con una pasión eterna, comprendiendo que se trata menos de la distancia recorrida y más de la riqueza de las experiencias.

Cuando examinamos estos mitos de viajes, se revelan por lo que son: percepciones infundadas. Estas son limitaciones autoimpuestas y miedos sin fundamento que encadenan nuestro espíritu aventurero. Ya sea disuadidos por preocupaciones sobre la edad, la competencia en idiomas, la seguridad o el tiempo, hay soluciones esperando a quienes las buscan.

Viajar no es un club exclusivo para los jóvenes, los que hablan muchos idiomas o los intrépidos; es una imagen grande y emocionante que está lista para cualquiera que quiera unirse. Al desacreditar estas nociones, nos liberamos de reservas e incertidumbres, abriendo paso a posibilidades interminables.

Así que prepara tus maletas, desecha las dudas y recuerda: el horizonte está a solo un viaje de distancia. Ahora, mientras nos embarcamos en el próximo capítulo, exploramos algo aún más emocionante: los beneficios innegables de viajar.

Recuerda, viajar no se trata solo de coleccionar sellos en un pasaporte o fotos para las redes sociales. Este viaje se trata de la esencia transformadora de los viajes, cómo remodela nuestras perspectivas, amplía nuestros horizontes y rejuvenece nuestro espíritu.

¿Listo para explorar por qué tomar ese viaje es más que escapar de la vida, sino abrazarla? Únete mientras navegamos en este viaje iluminador.

Las Recompensas de Viajar

Comprendiendo los Beneficios de Viajar

En el mundo acelerado de hoy, el viaje sirve como un antídoto a las limitaciones que a menudo traen consigo nuestras rutinas personales y profesionales. No es solo un descanso de la rutina diaria; es un camino hacia el crecimiento personal, la comprensión y la renovación.

A medida que nos adentramos en esta sección, exploraremos los beneficios integrales de viajar, profundizando en su impacto no solo como una actividad de ocio, sino como un promotor de la mejora de nuestro bienestar físico, mental, y emocional.

Primero, navegaremos por el ámbito del bienestar mental, exploraremos cómo el viaje actúa como un botón de reinicio para nuestras mentes. Más allá de la mera relajación y la reducción del estrés, viajar nos expone a entornos diversos, agudizando nuestra capacidad de adaptación y estimulando la creatividad.

Superar los desafíos del viaje estimula las habilidades para resolver problemas y la resiliencia, mientras que la participación en entornos diferentes fomenta la autoevaluación y el crecimiento personal.

A continuación, nos enfocamos en las ventajas físicas de estar en movimiento. Ya sea pasear por una ciudad nueva, hacer excursionismo en terrenos desconocidos o participar en actividades locales, estas actividades físicas a menudo superan nuestros niveles regulares de ejercicio, promoviendo la salud cardiovascular e incluso fortaleciendo nuestra inmunidad.

También examinaremos los beneficios sociales y emocionales del viaje. Los lazos que se forman en el camino, el compañerismo con personas de diferentes orígenes y la comprensión más profunda de cómo las culturas diversas enriquecen nuestras vidas emocionales.

Estas interacciones mejoran nuestras habilidades interpersonales, nos empujan más allá de nuestra zona de confort y a menudo resultan en amistades que añaden una nueva profundidad a nuestras vidas.

Además, analizaremos cómo el viaje amplía nuestras perspectivas, fomentando una mentalidad global. La exposición a nuevas culturas, costumbres e historias desafía las ideas preconcebidas, llevando a una visión del mundo más abierta y aceptante.

Este intercambio cultural va más allá de las simples interacciones, promoviendo la comprensión internacional y, a nivel personal, aumentando nuestra adaptabilidad y tolerancia.

A medida que avanzamos en esta exploración, queda claro que viajar no es un simple lujo; es un esfuerzo necesario para cualquiera que busque una experiencia de vida más completa y conectada.

Cada viaje, por pequeño que sea, despega las capas de nuestra comprensión, revelando más del mundo, y de nosotros mismos.

Antes de adentrarnos en los diversos beneficios del viaje, es importante señalar que no soy un profesional de la salud y que las ideas compartidas en estos capítulos se basan en experiencias y observaciones personales.

Viajar ha tenido un profundo impacto en mi bienestar y perspectiva, y es crucial entender que las experiencias individuales pueden variar.

Lo que ha sido transformador para mí puede no tener el mismo efecto en todos, ya que todos interactuamos con los entornos y respondemos a las experiencias de manera diferente. Por lo tanto, mientras comparto lo que el viaje me ha ofrecido, con la esperanza de inspirarte, estas reflexiones no son recomendaciones universales.

Siempre ten en cuenta tus circunstancias personales, consulta a profesionales de la salud cuando sea necesario y dirige cualquier cambio relacionado al viajar en tu estilo de vida con conciencia y precaución. Así que, empaca liviano y lleva una mente abierta; el mejor viaje está a punto de comenzar.

7
Salud Mental

Navegando la Conexión Entre la Exploración y el Bienestar Mental

Hemos examinado varias ideas erróneas y barreras asociadas con los viajes, reconociendo que, si bien estas preocupaciones son legítimas, no son insuperables.

Ahora, cambiamos nuestro enfoque hacia los beneficios sustanciales del viajar, que son muchos y significativos, especialmente en lo que respecta al bienestar mental. Consideremos algunos de estos beneficios clave.

Efectos de los Viajes en el Alivio del Estrés

Estadísticas

En la sociedad moderna, el estrés es un problema predominante, a menudo empeorado por la multitud de responsabilidades personales y profesionales que las personas manejan a diario.

El estrés excesivo, si no se maneja, puede manifestarse física y psicológicamente, dando lugar a síntomas como ansiedad, tensión muscular, fatiga, falta de concentración y deterioro de la memoria.

Varios estudios enfatizan la relación entre los viajes y la reducción del estrés. Un estudio destacado de agosto de 2005 realizado por la Biblioteca Nacional de Medicina y el Centro Nacional de Información Biotecnológica[1] destacó que las mujeres que viajan con menos frecuencia, una vez cada dos años, mostraban una mayor susceptibilidad a la depresión y al estrés que aquellas que viajaban varias veces al año.

Además, un informe de diciembre de 2013 del Centro de Estudios sobre Jubilación Transamerica y la Coalición Global sobre el Envejecimiento[2] mostró que el 78% de los encuestados experimentó niveles reducidos de estrés a través de los viajes.

Sorprendentemente, el 87% de los viajeros activos de entre 40 y 49 años atribuyeron los viajes a una mejora en la salud y el bienestar a largo plazo.

El Informe *CompPshyc StressPulse* del *American Institute of Stress*[3] reveló niveles alarmantes de estrés en el lugar de trabajo, con un 62% de los empleados de América del Norte encuestados experimentando un estrés significativo, lo que lleva a sentimientos de agotamiento y una sensación de perder el control.

Los viajes han surgido como una intervención beneficiosa, ofreciendo un respiro de las presiones diarias y contribuyendo a la dis-

---

1. Chikani, V., Reding, D., Gunderson, P., & McCarty, C. A. (2005). *Vacations improve mental health among rural women: the Wisconsin Rural Women's Health Study* (Report No. 104(6):20-3). National Library of Medicine. https://pubmed.ncbi.nlm.nih.gov/16218311/

2. *Journey to Healthy Aging: Planning for Travel in Retirement* (2013). Transamerica Center for Retirement Studies, Global Coalition on Aging. https://transamericacenter.org/retirement-research/travel-survey

3. *CompPsych StressPulse Report* (2013). ComPsych Corporation. https://www.stress.org/workplace-stress

minución de los niveles de cortisol, induciendo un estado de calma y satisfacción. El cortisol, una hormona esteroidea crucial, ayuda a responder al estrés y a varios procesos fisiológicos esenciales.

Reducción del Estrés

Emprender un viaje ofrece una oportunidad notable para que los viajeros se desconecten de las demandas constantes de sus vidas cotidianas.

El simple acto de dejar atrás lo familiar, desde las presiones laborales hasta las obligaciones sociales y familiares, señala a la mente que entre en un estado diferente.

Sumergirse en nuevos paisajes, culturas y actividades, facilita un cambio mental y emocional, interrumpiendo la respuesta de estrés habitual.

A medida que los viajeros se relacionan con el momento presente, ya sea admirando una vista panorámica o probando comidas exóticas, a menudo experimentan un profundo sentimiento de satisfacción y felicidad que perdura mucho después de haber regresado a casa.

El viaje sirve como un poderoso antídoto contra el estrés. Nos brinda la oportunidad de respirar, encontrar alegría en el momento y regresar a casa con una perspectiva renovada de la vida.

Este impacto de paz, obtenido a través de nuestras aventuras, a menudo perdura y transforma nuestra forma de afrontar las prisas y el ajetreo de la vida.

Así que, mientras nos aventuramos, no solo escapamos del estrés; aprendemos a manejarlo mejor, llevando la tranquilidad que encontramos en nuestros viajes de vuelta a nuestra vida cotidiana.

Sin importar cuán apretado pueda estar mi itinerario de viaje o la cantidad de atracciones que planifico ver, siempre me siento tranquila y libre de estrés durante mis viajes.

Viajar, una actividad que enciende mi pasión, me brinda una sensación de paz en lugar de presión, independientemente del ritmo que lleve.

Es fundamental reconocer el viaje como una solución temporal, una parte de un enfoque integral para el bienestar mental. No es una solución completa para los problemas crónicos de manejo del estrés.

Para aquellos que enfrentan niveles de estrés grave, el viaje complementa, pero no reemplaza la orientación médica y la intervención de un experto de la salud.

Al aceptar la habilidad que tiene el viajar para refrescar y revitalizar, podemos tomar decisiones informadas y saludables que nos beneficien a corto plazo y contribuyan a nuestra salud mental a largo plazo.

Aumenta la Creatividad

El viaje promueve el cambio cognitivo, empujando al cerebro a pensar en nuevos patrones y a adaptarse a nuevos estímulos.

A medida que los viajeros navegan por territorios desconocidos, éstos encuentran perspectivas, tradiciones y formas de vida diversas.

Estas experiencias estimulan diferentes áreas del cerebro, fomentando procesos de pensamiento que difieren del modo de pensar común en entornos rutinarios.

Este pensamiento activo mejora la creatividad y la innovación, cualidades que son muy valoradas tanto a nivel personal como profesional.

Al salir de su zona de confort cultural, las personas pueden obtener nuevas perspectivas y formas de afrontar desafíos, ya sea en el arte, los negocios o la vida personal.

Desarrolla Resiliencia y Agilidad Mental

La naturaleza impredecible del viaje significa que las personas a menudo enfrentan situaciones inesperadas, desde barreras de idiomas hasta complicaciones logísticas.

Estos desafíos requieren una resolución rápida de problemas y la toma de decisiones bajo circunstancias desconocidas, lo que mejora el funcionamiento cognitivo y el control emocional.

Al superar las dificultades del viaje, las personas desarrollan una mayor confianza y tolerancia a las situaciones inesperadas.

Esta capacidad de adaptación, conocida como agilidad mental, es crucial para manejar los momentos impredecibles de la vida.

Superar desafíos mientras se viaja dota a las personas de resiliencia, lo que las prepara mejor para enfrentar las tensiones comunes y enfrentar los desafíos de la vida con determinación y una actitud tranquila.

Autodescubrimiento y Crecimiento Personal

El viaje ofrece una oportunidad única para la autorreflexión, lejos de las distracciones de la rutina diaria. Al explorar nuevos países, las personas no solo aprenden sobre diferentes culturas, sino que también reflexionan sobre sus propias concepciones preconcebidas, valores y aspiraciones.

Estar lejos de las distracciones habituales ayuda a las personas a pensar en la dirección de sus vidas y en lo que realmente les importa.

Las experiencias de viaje, ya sea aprendiendo algo nuevo o superando desafíos, ayudan a comprender las propias fortalezas y limitaciones que tenemos.

Para muchos, el viajar se convierte en un viaje de crecimiento personal, que conduce a una mayor claridad en cuanto a su propósito y satisfacción.

Estos puntos ilustran solo una fracción de los beneficios que puede ofrecer el viaje para la salud mental. Es importante reconocer el viaje no solo como una actividad de ocio y descanso, sino también como una inversión valiosa en la salud mental y emocional de uno.

Impulsar la Concentración Mental y la Productividad a Través de la Exploración

El estrés puede pasar factura a nuestra claridad mental y productividad. Cuando estamos constantemente inmersos en las demandas y rutinas de la vida diaria, nuestras mentes pueden verse abrumadas, lo que lleva a una reducción de la concentración y la función cognitiva.

Sin embargo, el viaje ofrece un poderoso antídoto contra esta fatiga mental. Al alejarse de lo familiar y romper el ciclo monótono diario, se le brinda a la mente un reinicio muy necesario.

El viaje introduce novedad y emoción en tu vida, estimulando tus sentidos y animándote a estar presente en el momento, dejando atrás las tensiones de la vida cotidiana.

---

4. *eDreams' latest Poll reveals our Motivations for planning Detox Breaks* (2023). One Poll for eDreams ODIGEO. https://www.prnewswire.com/news-releases/edreams-latest-poll-reveals-our-motivations-for-planning-detox-breaks-301931637.html

Una encuesta reciente realizada por eDreams ODIGEO[4] entre el 14 y 15 de marzo de 2023 arroja luz sobre el impacto positivo del viaje en el bienestar mental.

La encuesta consultó a individuos de diferentes regiones, con un 58% de los participantes de la costa noreste de los Estados Unidos y un 48% de los participantes en el medio oeste que informaron que el viaje tenía un efecto beneficioso en su bienestar mental.

Estos hallazgos señalan la idea de que el viaje no solo proporciona un escape del estrés, sino que también rejuvenece la mente, mejorando la concentración mental y la productividad.

Mejorar la Salud Emocional: El Poder del Viaje

Viajar es más que una simple acción; es un recorrido emocional que influye en nuestra salud mental. La emoción a menudo comienza con el mero pensamiento de una nueva aventura, ya sea visitar un nuevo destino, degustar auténticas comidas o sumergirse en una cultura diferente. Solo esta anticipación puede ser un impulsor significativo del estado de ánimo.

Viajar, ya sea con amigos, familia o solo, nos permite crear recuerdos duraderos y preciosos. Imagina conquistar las históricas cumbres de Machu Picchu, presenciar las vistas panorámicas desde la cima de la Torre Eiffel o reflexionar sobre la alegría de pisar las impresionantes playas de Santorini. Estas experiencias únicas forjan recuerdos inolvidables que enriquecen nuestra salud emocional.

---

4. *eDreams' latest Poll reveals our Motivations for planning Detox Breaks* (2023). One Poll for eDreams ODIGEO. https://www.prnewswire.com/news-releases/edreams-latest-poll-reveals-our-motivations-for-planning-detox-breaks-301931637.html

La exposición a paisajes impresionantes y desconocidos puede revitalizar los sentidos y elevar los niveles de ánimo, proporcionando un tipo de alegría que a menudo no se puede obtener de posesiones materiales.

La perspectiva de un viaje puede mantenernos motivados y alegres, y los efectos positivos son más fuertes a medida que se acerca la fecha de partida.

De hecho, en este contexto, se podría argumentar que invertir en viajar realmente puede "comprar" la felicidad, ofreciendo una satisfacción que rara vez se obtiene de otras formas de gasto.

8

Fortaleciendo el Cuerpo

El Camino hacia una Salud Robusta

Se sabe que el estrés prolongado puede debilitar nuestro sistema inmunológico, dejándonos vulnerables a muchos problemas de salud. Sin embargo, el antídoto podría ser más simple de lo que pensamos: tomar un descanso genuino.

Viajar no es solo una pausa en nuestra rutina diaria; es un respiro significativo que revitaliza nuestro cuerpo y mente, fortaleciendo nuestras defensas inmunológicas.

Exponernos a nuevos entornos beneficia a nuestro sistema inmunológico. Al enfrentarnos a patógenos atípicos, el cuerpo aprende y produce nuevos anticuerpos, volviéndolo más vigilante y preparado.

Este impulso natural es un beneficio menos conocido de explorar nuevos lugares. Por supuesto, esto no significa que no puedas enfermarte mientras viajas, pero en circunstancias normales, podría fortalecer tu sistema inmunológico.

Viajar a menudo significa pasar más tiempo al aire libre interactuando con el entorno. La actividad al aire libre prolongada aumenta la exposición a la luz solar, esencial para la síntesis de la vitamina D, que desempeña un papel importante en la inmunidad, el control de la inflamación y la regulación de la glucosa.

Actividades como pasear por una playa soleada o caminar por las calles de una nueva ciudad, contribuyen a nuestro bienestar físico.

La actividad física es fundamental para viajar. El turismo a menudo implica más caminatas de las que estamos acostumbrados, promoviendo la salud cardiovascular mediante una mejor circulación y resistencia.

El aspecto culinario del viaje fomenta hábitos alimenticios más saludables al ofrecer oportunidades para disfrutar de productos locales y frescos, a menudo un cambio refrescante de nuestras dietas dominadas por la comida rápida.

Después de un día vigorizante lleno de exploración y aventura, ¿qué podría ser más satisfactorio que una buena noche de sueño? Viajar a menudo remedia las irregularidades del sueño, gracias al agotamiento físico que conduce a un sueño más profundo y reparador.

En conclusión, viajar no es un simple lujo, sino un gran contribuyente a nuestro bienestar físico. Más allá del placer y la relajación inmediatos que ofrece, cada viaje mejora nuestra salud de maneras notables, proporcionando una razón convincente para priorizar y valorar nuestras vacaciones.

9

Vivir en el Momento

Una Pausa de la Sobrecarga Digital

En nuestro mundo impulsado por la tecnología digital, los viajes ofrecen una oportunidad única: la posibilidad de desconectar y sumergirnos verdaderamente en el momento presente.

A menudo, el atractivo de lugares desconocidos es tan fuerte que nuestros dispositivos electrónicos quedan en un segundo plano, reemplazados por las vívidas experiencias listas para que las recibamos con atención completa.

Parte del poder terapéutico de los viajes radica en esta desconexión. Alejarnos del incesante zumbido de las notificaciones, acceder las redes sociales, y de revisar correos electrónicos, nos permite interactuar con nuestro entorno.

Esto no se trata de observar, sino de realmente ver, apreciar la belleza de cada momento. Si bien las redes sociales y los mensajes siguen a un clic de distancia, estos pueden esperar. Seguirán estando allí para capturar nuestras historias al final del día o, mejor aún, cuando regresemos a casa.

Piensa en los paisajes tranquilos o las bulliciosas escenas de la ciudad que encontramos mientras viajamos. Merecen nuestra atención completa. Su magia disminuye si estamos constantemente interrumpidos por correos electrónicos, notificaciones, o llamadas.

Personalmente, he encontrado un equilibrio utilizando mi teléfono principalmente para tomar fotos y navegación durante mis viajes, reservando las conversaciones y las redes sociales para momentos tranquilos cuando llego a mi hotel.

Desconectar también abre las puertas a la conexión humana. Sin nuestros ojos pegados a las pantallas, podemos sumergirnos en la vida local, conversar con las personas, unirnos a actividades y crear conexiones que van más allá de la ubicación.

Estas interacciones, sin filtros a través de medios digitales, son la esencia de una auténtica conexión humana.

En conclusión, para una experiencia de viaje más enriquecedora y auténtica, deberíamos asignar un papel mínimo a nuestros dispositivos digitales. Al hacerlo, nos permitimos absorber completamente el mundo que nos rodea, haciendo que los recuerdos sean más vívidos y personales.

Se trata de más que simplemente ver lugares nuevos; se trata de aprender a estar realmente presentes nuevamente.

10

Embarcando en un Viaje de Autodescubrimiento

Cómo los Viajes Moldean el Crecimiento Personal

Cada viaje que emprendemos añade un capítulo único a la historia de nuestra vida. Ya sea que seas un viajero experimentado, o alguien que se aventura por primera vez, cada travesía promete un crecimiento personal.

Pero viajar hace más que simplemente llenar nuestros pasaportes, nos transforma de formas más profundas, hasta nuestra esencia misma.

Viajar es excelente para el crecimiento personal. Nos permite sumergirnos en nuevas culturas, ver el mundo de nuevas maneras y expandir nuestras perspectivas. Nos coloca en situaciones que nos desafían, ayudándonos a adaptarnos y a descubrir fortalezas que no sabíamos que teníamos.

Al ir a lugares desconocidos, aprendemos más sobre nosotros mismos, sobre nuestro carácter. Cada viaje, con sus altibajos, actúa como un espejo que nos muestra nuestras fortalezas y áreas en las que podemos mejorar.

Por ejemplo, aquellos de nosotros que viajamos solos experimentamos el verdadero valor de ser autosuficientes, confiando en nuestras habilidades, intuición, y capacidad de ingenio. Este tipo de independencia nos hace sentir más seguros en todas las áreas de la vida.

Mientras conocemos una cultura diferente a la nuestra, desarrollamos empatía y una comprensión más amplia, cualidades que son importantes para el crecimiento personal y para convertirnos en seres humanos reflexivos.

Al pensar en nuestros viajes y en lo que hemos aprendido de ellos, vemos cómo nos ayudan a moldearnos. Viajar no solo nos muestra el mundo; permite que el mundo nos cambie, un viaje a la vez.

Conciencia Cultural

Viajar nos permite ver la amplia variedad de culturas, tradiciones y perspectivas del mundo. Nos ayuda a aprender sobre cosas que difieren de lo que conocemos y nos ayuda a valorar cómo las personas de diferentes orígenes viven y en qué creen.

Piensa en un mundo sin esta variedad; no sería tan interesante como el diverso mundo en el que vivimos. Es como la belleza de un jardín con su diversidad de flores, cada una agregando complejidad y belleza a su paisaje.

Empatía y Compasión

Viajar nos saca de nuestras zonas de confort y nos muestra cómo es la vida en lugares diferentes, desde ajetreadas ciudades hasta tranquilos pueblos de campo. A medida que nos desplazamos por estos entornos distintos, llegamos a ver cómo otras personas llevan su vida diaria.

Observamos las miradas determinadas de la gente de la ciudad que navega por las complejidades de la vida urbana, y las sonrisas compartidas de los habitantes de los pueblos que trabajan en comunidades unidas.

La mejor parte de estos viajes a menudo son los vínculos silenciosos que formamos con otros, lo que nos ayuda a forjar sentimientos de empatía y compasión, incluso si no hablamos el mismo idioma o compartimos la misma cultura.

Ya sea viendo a niños jugar juntos afuera, amables desconocidos contándonos sus historias o dándonos cuenta de que todos tienen luchas y sueños, estas experiencias fomentan una compasión sincera que perdura mucho después de nuestro regreso a casa.

Viajar es más que una escapada de nuestra rutina. Nos hace apreciar lo que tenemos y nos anima a tender una mano, un oído o una sonrisa a quienes conocemos. Al final, el viaje no solo nos enseña sobre el mundo, sino que también nos hace más compasivos y afectuosos hacia las personas que lo habitan.

Adaptabilidad

La naturaleza impredecible de los viajes es como una experiencia de aprendizaje para nuestras mentes. Nos enfrenta a muchas situaciones inesperadas que nos ayudan a aprender a adaptarnos.

Debemos adaptarnos cuando perdemos un vuelo y descubriendo qué hacer inmediatamente, cuando necesitamos comunicarnos con personas que hablan un idioma desconocido o encontrar un lugar donde hospedarnos en un momento inesperado.

Aunque estas situaciones pueden ser estresantes para algunos, nos enseñan una lección valiosa: que podemos superar problemas imprevistos, a menudo utilizando una inventiva que nunca supimos que poseíamos.

Estas instancias de desafíos inesperados hacen más que simplemente alterar nuestros planes inmediatos; nos enseñan a ser flexibles en cómo pensamos sobre lo desconocido. Aprendemos que hay muchas formas de llegar a donde vamos y a adaptarnos.

La adaptabilidad que adquirimos al viajar nos proporciona una fortaleza que llevamos a nuestra vida diaria.

La ingeniosidad que descubrimos en un país nuevo se convierte en algo en lo que confiamos cuando estamos en casa, dándonos la confianza de que podemos manejar cualquier cosa que la vida nos pueda deparar.

A medida que enfrentamos estas dificultades, y las superamos, nos damos cuenta de que adaptarnos no se trata solo de evitar problemas. Se trata de dar la bienvenida al cambio, encontrar la felicidad y aprender de los cambios.

Los viajes nos enseñan este truco ingenioso: convertir cada obstáculo en una oportunidad y salir de cada experiencia no solo bien, sino mejor, y más flexibles que nunca.

Auto-Confianza

Cada desafío que superamos durante nuestros viajes, ya sea descubrir el transporte público en una ciudad nueva o regatear en un mercado local, aumenta nuestra autoconfianza.

Los viajes se tratan de las pequeñas y grandes victorias que obtenemos en el camino, lo que nos hace sentir orgullosos de una manera que acumular sellos en el pasaporte no lo hace.

Por ejemplo, al empujarnos a hacer cosas que nos hacen sentir incómodos, como hacernos entender a pesar de no conocer bien el idioma o encontrar nuestro camino en una ciudad nueva, construimos nuestra confianza.

Las pequeñas victorias también importan, como obtener una sonrisa a pesar de la barrera del idioma, conseguir un taxi en una ciudad que no conoces o disfrutar de una comida con personas que acabamos de conocer en nuestros viajes.

No se trata solo de acumular experiencias, sino de demostrarnos a nosotros mismos que podemos adaptarnos y manejar diferentes situaciones.

Al final de una caminata difícil o después de encontrar tu camino en una ciudad nueva, es posible que no recibas un certificado o diploma para mostrarlo, pero la sensación de logro que experimentas es muy real. Llevas esa sensación contigo como prueba silenciosa de lo que eres capaz.

Los verdaderos tesoros de viajar son esos momentos tranquilos en los que nos damos cuenta de que podemos hacer más de lo que pensábamos.

Estos son tesoros que superan con creces el mero acto de hacer turismo. Estas son las experiencias que se quedan con nosotros, moldeando quiénes somos y empujándonos a emprender aventuras aún más grandes.

Destrezas de Comunicación

Viajar a menudo implica comunicarse a través de barreras lingüísticas. Cuando intentamos entendernos y ser entendidos, utilizando gestos, paciencia y a veces humor, no solo enriquece nuestro viaje, sino que también mejora nuestra capacidad para conectarnos con los demás.

Cada vez que nos comunicamos, se demuestra que la conexión va más allá de las palabras.

Cuando intentamos entender nuevos idiomas y culturas, mejoramos en notar los detalles pequeños en la comunicación. Nos volvemos buenos en la lectura del lenguaje corporal, en escuchar lo que la gente quiere decir y en expresar lo que pensamos de una manera sencilla que se centra en ser claro y mostrar sentimiento.

El esfuerzo de comunicarnos en situaciones nuevas y diferentes también nos hace más empáticos. Nos volvemos más pacientes, mejores oyentes y más creativos al tratar de entender diferentes formas de hablar. Esto hace que nuestros viajes sean más significativos y que valoremos las muchas formas en que podemos compartir pensamientos y sentimientos todos los días.

En un mundo donde a menudo hablamos a través de pantallas de teléfono, las conversaciones reales y a veces difíciles que tenemos mientras viajamos nos recuerdan la esencia humana en el corazón de la comunicación.

Reírse de una broma con un vendedor ambulante, la satisfacción de pedir direcciones con éxito, el vínculo formado al ayudar a otro viajero; estos momentos nos hacen darnos cuenta de que nuestra capacidad para conectarnos no está limitada por el idioma. Es infinita y proviene de ser humano.

Cuando regresamos de nuestros viajes, tenemos más confianza en nuestra capacidad para expresarnos, resolver problemas y hacer amigos en todas las partes de nuestras vidas y del mundo. Los viajes nos muestran que cada conversación es una forma de conectar y, con el enfoque correcto, podemos superar cualquier barrera.

El Autodescubrimiento

Cada viaje empuja nuestros límites. Probar nuevos platos exóticos, participar en tradiciones locales o embarcarse en aventuras emocionantes, también significa que estamos aprendiendo sobre quiénes somos.

Estas experiencias, emocionantes, desconocidas o incluso intimidantes, nos ayudan a crecer y a reflexionar sobre nosotros mismos.

Los viajes también actúan como un propulsor para descubrir fortalezas y vulnerabilidades que quizás no habíamos reconocido. Pueden mostrarnos la profundidad de nuestra valentía cuando navegamos solos en tierras extranjeras o la resiliencia que tenemos cuando encontramos nuestro camino a través de una situación desafiante.

Incluso los momentos de soledad que los viajes a veces pueden traer son oportunidades para hablar con nuestro yo interior, para escuchar la voz interna, a menudo pasada por alto, que susurra verdades sobre quiénes somos y quiénes podríamos llegar a ser.

Con cada cosa nueva que experimentamos, aprendemos un poco más sobre nuestros valores, creencias y lo que queremos en la vida.

Nuestros viajes actúan como un espejo que nos muestra quiénes somos y nos pide que reflexionemos sobre cómo encajamos en el mundo en general.

Nos hacen cuestionarnos a nosotros mismos: ¿Somos tan de mente abierta como pensamos? ¿Cómo nos adaptamos al cambio? ¿Qué nos brinda alegría genuina?

Los viajes no se tratan solo de visitar lugares diferentes; es una travesía de crecimiento personal. Las cosas que vemos y las personas que conocemos moldean quiénes nos convertimos.

Al viajar, nos volvemos más de mente abierta, flexibles, seguros de nosotros mismos, con habilidades de comunicación enriquecidas y un entendimiento más profundo de nosotros mismos y del mundo.

Cada viaje, con sus desafíos y recompensas únicas, es un paso hacia convertirnos en una mejor versión de nosotros mismos. Cada viaje enriquece nuestra historia de vida, ofreciendo oportunidades de crecimiento y cambio.

11

Viajando Juntos

Construyendo Vínculos a Través de Fronteras

Viajar juntos puede tener un impacto profundo en la creación de vínculos y el fortalecimiento de relaciones, ya sea con una pareja, miembros de la familia o amigos.

Juntos, se apoyarán mutuamente durante cualquier evento inesperado, aprenderán de él, e incluso se reirán de ello más tarde. A continuación, algunas formas en las que los viajes fomentan la creación de vínculos más sólidos:

Creando Recuerdos Juntos

Cada viaje viene con sus experiencias y desafíos únicos. Estos momentos, ya sean emocionantes o desafiantes, se convierten en historias compartidas en las que mirarán hacia atrás y apreciarán.

Más allá de las risas y las fotografías, las pruebas y los triunfos compartidos en un viaje se convierten en memorias que todos recordarán. Ya sea el alivio compartido de encontrar el camino después de perderse o la admiración compartida ante una puesta de sol que pinta el cielo, estas experiencias se convierten en parte de su historia compartida.

Contarán las historias de cómo navegaron por territorios nuevos o se aventuraron en recientes aventuras en reuniones familiares, recordándoles a ambos el vínculo único de su viaje y la riqueza de recuerdos que han acumulado juntos.

Tiempo de Calidad

Viajar a menudo brinda tiempo de calidad con tus seres queridos, lejos de las distracciones y las demandas de la vida cotidiana.

Este tiempo ininterrumpido permitirá espacio para tener conversaciones y conexiones más profundas.

El tiempo que pasan juntos en el camino es un respiro precioso de los relojes que marcan la rutina diaria.

Es en estos momentos, tal vez mientras esperan un tren o descansan en una playa, es que encuentran el lujo de tener tiempo ininterrumpido para entablar conversaciones significativas.

Este tiempo de calidad enriquece las relaciones, construyendo experiencias compartidas y comprensión mutua.

Comunicación y Trabajo en Equipo

Viajar requiere hablar sobre planes de viaje, preferencias, e intereses, lo que promueve una mejor comprensión y fomenta la comunicación abierta con tu compañero de viaje.

Además de comunicarse, se requerirá que trabajen en equipo y colaboren mutuamente para resolver los desafíos inesperados que puedan enfrentar durante el viaje.

A medida que discuten rutas y opciones, escuchan las preferencias del otro y llegan a acuerdos, su voz colectiva se vuelve más fuerte.

Este diálogo y toma de decisiones no solo perfeccionan sus habilidades de comunicación, sino que también resaltan la importancia del trabajo en equipo.

Cada navegación exitosa a través del itinerario del día o cada problema resuelto juntos, es un testimonio del poder de trabajar en unidad.

Intereses Compartidos

Cuando viajas, tus intereses y pasiones a menudo coinciden con los de tu compañero de viaje. Ya sea que compartas el amor por el arte, la cultura, la historia o la comida, explorar estos intereses juntos puede fortalecer tu relación y vínculo.

La alegría de viajar se amplifica cuando lo experimentas con alguien que aprecia las mismas partes de la vida que tú. Mientras ambos están frente a una obra maestra en un museo o degustan de los sabores de una nueva comida, estas pasiones compartidas se convierten en el pegamento que une tus experiencias.

El entusiasmo es contagioso, la satisfacción mutua, y es en estos momentos que tu vínculo se profundiza, fundamentado en una apreciación común por las cosas que ambos aman.

Generando Confianza

Los viajes pueden generar confianza en las relaciones a medida que dependen mutuamente para obtener apoyo y navegar los desafíos.

La confianza mutua se fortalece cuando puedes contar con tu compañero de viaje en entornos desconocidos, sabiendo que no te decepcionará.

Cuando el mapa falla y la tecnología titubea, es la confianza mutua que tienen el uno en el otro la que se convierte en su verdadero norte.

Cada decisión de confiar en los instintos de tu pareja o compartir la responsabilidad en un lugar desconocido fortalece la confianza que es fundamental para cualquier relación sólida.

Es la seguridad de que tienen el respaldo del otro, el pacto no hablado de apoyo y confiabilidad.

Reaviva el Romance

Por último, pero no menos importante, los viajes pueden ayudarte a reavivar el romance con tu pareja. Éste enciende la llama que podría haberse apagado.

Al pasar tiempo de calidad juntos, sin las tensiones habituales de tu rutina diaria, te centrarás en disfrutar el tiempo juntos. Ayuda así a redescubrir esa conexión romántica.

La emoción que experimentas al hacer cosas nuevas juntos y explorar lugares desconocidos puede avivar la chispa que las rutinas diarias pueden haber atenuado.

Cada vez que se miran mutuamente mientras ven algo nuevo, bailan juntos bajo la lluvia o eligen estar juntos en lugar de hacer cualquier otra cosa, es como añadir combustible a un fuego, haciendo que los sentimientos cálidos y la cercanía entre ustedes sean más fuertes. Renovando la intimidad y el afecto.

En conclusión, el viajar es mucho más que un viaje entre ubicaciones geográficas. Es una puerta de entrada a relaciones más cercanas y fuertes, forjadas en las aventuras compartidas, los desafíos, y los triunfos que conlleva viajar.

Los viajes nos obligan a reconectar, no solo con el mundo, sino con quienes están a nuestro lado, ofreciendo un espacio único donde las relaciones pueden florecer, sin restricciones por la rutina de la vida diaria.

12

Aceptando el Mundo

Un Viaje hacia la Apreciación Cultural a Través del Viaje

Los viajes abren nuestros ojos y corazones a la vasta diversidad del mundo. Nos permite ir más allá de nuestras normas culturales y nos ayuda a sumergirnos en la belleza y complejidad de los diferentes estilos de vida.

Hablemos sobre cómo viajar puede hacernos valorar la diversidad cultural:

Celebrando las Diferencias

Los viajes son una celebración del variado espectro cultural del mundo. Cambian nuestra perspectiva de juicio a reconocimiento, convirtiendo las diferencias culturales en puntos de interés, admiración, y respeto, en lugar de barreras.

Promoviendo la Paz a través del Entendimiento

Los viajes hacen más que simplemente ayudarnos a apreciar otras culturas; también contribuyen a difundir la paz, la tolerancia y el amor.

Al eliminar la ignorancia y desacreditar los estereotipos, ayudan a que todos nos comprendamos mejor. Fomentan un mundo en el que la diversidad sea nuestra fortaleza, no un pretexto para discriminación.

Los viajes son más que un simple viaje; son una forma de aprender, crecer, respetar y apreciar las muchas culturas que nos rodean.

No solo enriquecen nuestras vidas, sino que también fomentan una comprensión más profunda de nuestra humanidad compartida.

13

Explorando Caminos Profesionales a Través de los Viajes

Descubriendo Posibilidades de Trabajo y Negocios mientras Viajamos

Viajar no es solo explorar lugares desconocidos; también es una puerta a oportunidades que pueden cambiar tu vida laboral y futuro financiero.

Cuando viajas, haces más que simplemente tomar un descanso de lo habitual; estás entrando en un mundo donde nuevas oportunidades de carrera y opciones para ganar dinero te están esperando.

En este último capítulo, examinaremos cómo cada viaje puede ser un trampolín para tu crecimiento profesional y prospectos financieros.

Se trata de ver cada viaje como una escuela donde aprendes los secretos de trabajar y triunfar en el mercado mundial.

Establecimiento de Contactos (*Networking*)

En tus viajes, cada nuevo conocido tiene el potencial de enriquecer tu vida. Las probabilidades son que los encuentros en una sala común de un hostal, los viajes compartidos en taxi, o las conversaciones que surgen en un puesto de comida callejera, pueden convertirse en oportunidades significativas de establecer contactos.

Las personas que conoces mientras viajas pueden convertirse en tus futuros socios de negocios, mentores, colaboradores, o hasta nuevos amigos.

Cada intercambio es una oportunidad para compartir ideas y sueños, y estos a menudo pueden sentar las bases para futuras empresas profesionales o fortalecer tu círculo social con la incorporación de amistades globales.

Habilidades Lingüísticas

Viajar a países extranjeros puede mejorar tus habilidades lingüísticas, lo que podría ser un activo valioso en el mercado laboral global. Las personas bilingües, o multilingües, a menudo tienen una gran demanda, especialmente en industrias con alcance internacional.

Cuando estás navegando en medio del ruido de un mercado, o pidiendo direcciones en una lengua extranjera, cada intento de comunicación mejora tus habilidades lingüísticas. Esta capacidad lingüística puede destacarte en un mundo interconectado donde se valora la fluidez cultural.

Aprender un nuevo idioma puede proporcionar beneficios cognitivos como mejorar la memoria, la salud cerebral, las capacidades de resolución de problemas, y las habilidades para realizar varias tareas, entre otros beneficios.[1] Todos estos son rasgos que podrían ayudar a que cualquier profesional sea más adaptable y efectivo.

Pero más allá de lo útil, el acto de aprender un idioma es un ejercicio de respeto cultural: es un gesto que dice, 'Valoro tu cultura lo suficiente como para aprender tu idioma'.

Te equipa no solo con una nueva forma de conversación, sino también con una nueva forma de pensar, abriendo puertas a la empatía cultural.

Inspiración y Creatividad

Viajar puede inspirar nuevas ideas y perspectivas, lo cual puede ser beneficioso para carreras en campos creativos como la escritura, el arte, el diseño, la tecnología, y la innovación.

Estas experiencias alimentan la imaginación, empujando los límites del pensamiento convencional. Para el artista, el escritor, el empresario o el diseñador, viajar puede actuar como una inspiración, encendiendo la chispa de la creatividad.

Oportunidades de Negocio

Con cada país que navegas, te vuelves más consciente de los patrones de diferentes mercados y culturas de consumidores. Esta conciencia puede ser la semilla de una idea de negocio próspero o una asociación estratégica.

---

1. Marian, V. Ph.D., Shook, A. (2012). *The Cognitive Benefits of Being Bilingual*. (PMID: 23447799). National Library of Medicine. https://www.ncbi.nlm.nih.gov/pmc/articles/PMC3583091/

Para el viajero observador, cada diferencia cultural o patrón económico puede significar una oportunidad - oportunidades para unir mercados, innovar, introducir un producto o servicio que responda a una necesidad o deseo que hayas visto reflejado en las calles e historias de personas que están a miles de kilómetros de casa.

Investigación de Mercado

Tus aventuras de viaje también pueden servir como investigación de mercado, al permitirte obtener información sobre las preferencias de los consumidores y las tendencias del mercado en diferentes países. Esta información puede ser valiosa para emprendedores y profesionales de negocios.

Tus viajes te permiten ser testigo de primera mano del flujo de comercio entre culturas. Observar las preferencias de los locales en moda, tecnología o comida, puede ofrecer ideas invaluables que trascienden cualquier dato que un informe pueda proporcionar.

Para el empresario astuto o el estratega de negocios, estas observaciones son puntos de datos que informan una perspectiva global que puede predecir tendencias, inspirar nuevas líneas de productos, o sugerir nuevas estrategias de mercadeo.

Construyendo tu Marca Personal

Compartir tus experiencias de viaje en las redes sociales o a través de un blog puede mejorar tu marca personal. Esto podría posicionarte como un experto en campos relacionados con los viajes, lo que podría conducir a oportunidades como viajes patrocinados, escritura o fotografía de viajes.

Esta narrativa puede servir como guía para otros que aspiran a caminos similares, diferenciándote como un líder en experiencias de viaje. Tus historias se convierten en tu marca, y en esta era digital, esta marca es una moneda de cambio.

Puede abrir puertas a embajadas, participación en conferencias y otras oportunidades profesionales que valoran la experiencia en el mundo y la capacidad para comunicarse con el público.

En conclusión, los viajes encarnan una gran cantidad de oportunidades. Son un facilitador no solo para el crecimiento personal, sino también para el desarrollo profesional y las aspiraciones empresariales.

El mundo es un salón de clases que ofrece lecciones a través de sus diversas culturas, idiomas, y paisajes. Cuando emprendemos cada viaje, descubrimos posibilidades de establecimiento de contactos (*networking*), ideas de negocios y oportunidades para la promoción personal y la creación de marca que las limitaciones de nuestras áreas de confort nunca podrían proporcionar.

Esta sección ha iluminado cómo los viajes no son una pausa en nuestra vida profesional, sino un componente enriquecedor de nuestro camino profesional.

Así que prepara tus maletas con curiosidad y sueños, porque cada boleto comprado abre la puerta no solo a vistas panorámicas, sino a un horizonte de oportunidades.

Pensamientos Finales

En el viaje a través de estas páginas, hemos explorado juntos diversos terrenos, desde las transformaciones personales que brinda el viajar, hasta los puentes que construye entre culturas y las sorprendentes puertas que puede abrir en el ámbito profesional y económico.

Como hemos visto, el viaje es un educador integral y un facilitador del crecimiento que impregna todos los aspectos de nuestras vidas.

Este libro ha compartido historias y conocimientos para destacar el papel del viaje en enriquecer nuestras vidas. Se trata de salir de nuestra zona de confort, experimentar la diversidad del mundo, y regresar con un mayor conocimiento, compasión y comprensión. El mundo nos moldea tanto como nosotros contribuimos a su historia.

Sin embargo, al concluir este libro, no es el final, sino un punto de partida para tus propias aventuras. Cada vez que añades un nuevo sello a tu pasaporte, no solo estás registrando visitas, sino ampliando tu perspectiva, poniendo a prueba tus puntos de vista y creciendo como individuo informado.

Al cerrar este libro, piensa en él como un pase de abordar para un viaje que aún está por venir. Aventuras moldeadas por tu deseo de aprender y destinos definidos por tu disposición para abrazar la riqueza de la vida.

Tu próxima aventura está ahí fuera, esperando educarte, sanarte, desafiarte y elevarte. No pospongas tu viaje para "más tarde", "cuando tenga tiempo", "cuando mi jefe me lo permita" o "cuando tenga dinero". Siempre habrá un obstáculo para comenzar tu aventura.

Rompe cualquier barrera que te impida iniciar tu viaje. Ningún obstáculo es insuperable. Podemos sobrepasar todas las excusas.

Así que brindo por todos tus futuros viajes, que sean tan amplios como tu deseo de descubrir. ¡La vida es solo una, no solo sobrevivas, VÍVELA!

¡Únete a Nuestra Comunidad Exclusiva de Viajeros!

¡Embarca en un viaje con nuestra exclusiva comunidad de viajes!

¿Estás listo para elevar tus experiencias de viaje? Te invito cordialmente a unirte a nuestro Club de Lectores Viajeros, una comunidad exclusiva para aquellos que comparten una pasión por la exploración y el descubrimiento. Como miembro, descubrirás un mundo de recursos invaluables diseñados para mejorar cada aspecto de tu viaje.

Imagina tener acceso a los mejores descuentos en vuelos y hoteles, haciendo tus destinos soñados más alcanzables que nunca. También te proporcionaremos listas de empaque completas adaptadas para cada temporada y destino, ya sea un paraíso invernal, una escapada de verano en la playa, aventuras europeas o lujosos cruceros.

¡Pero eso no es todo! También descubrirás un conjunto de aplicaciones y sitios web esenciales, meticulosamente seleccionados para ayudarte a organizar tus itinerarios, pasar sin problemas por la seguridad del aeropuerto y mantenerte informado y seguro dondequiera que te lleven tus viajes.

Únete a nuestro Club de Lectores Viajeros hoy y transforma tu manera de viajar, haciendo cada viaje más eficiente, agradable y extraordinario.

Una vez que te inscribas, recibirás un enlace donde podrás descargar los documentos que contienen los recursos de viaje mencionados anteriormente, en adición a mantenerte actualizado sobre nuevos lanzamientos de libros.

Inscríbete aquí https://www.rainbowtextpublishing.com/travel-readers-group

Si necesitas ayuda para planificar esa aventura tan esperada, no dudes en visitar la página web de mi Agencia de Viajes, Never Stop Packing Travel, en www.NeverStopPacking.com

Próximamente...

Viaja Más, Preocúpate Menos:
Descubriendo el Mundo con Consejos, Trucos y Secretos de
Viaje

¡Embárcate en tu próxima aventura con confianza y curiosidad! Nuestro próximo libro, "Viaja Más, Preocúpate Menos", es tu boleto de oro para convertirte en un trotamundos hábil. Lleno de ingeniosos consejos, trucos prácticos y astutos secretos, esta guía está diseñada para transformar tus experiencias de viaje.

Ya sea que sueñes con playas exóticas, emocionantes aventuras o escapadas culturales, nuestro libro está repleto de conocimientos internos que te ayudarán a navegar por el mundo como un experto.

Di adiós al estrés de viajar y da la bienvenida a aventuras inolvidables. ¡Mantente atento a "Viaja Más, Preocúpate Menos" —tu compañero esencial para viajes más inteligentes, seguros y alegres!

Gira la página para un breve adelanto de este emocionante nuevo libro.

Viaja Más, Preocúpate Menos:

Descubriendo el Mundo con Consejos, Trucos y Secretos de Viaje

¡Bienvenido a tu próxima aventura!

Embarcarse en un viaje, ya sea una escapada de fin de semana o una expedición por todo el mundo, es una experiencia emocionante. Pero seamos sinceros, el proceso de planificación y viaje puede estar lleno de complejidades y desafíos inesperados. Ahí es donde entra este libro, tu principal compañero para hacer que cada viaje no solo sea memorable, sino también notablemente fluido y accesible.

En estas páginas, encontrarás un tesoro de consejos y trucos que he recopilado meticulosamente de mis propias experiencias y de viajeros experimentados de todo el mundo, así como de una amplia investigación. Esto no es solo otra guía de viaje; es un conjunto completo de herramientas diseñadas para empoderarte en cada paso de tu viaje.

Profundizaremos en el arte de conseguir las mejores ofertas en vuelos y hoteles, asegurándonos de que tus vacaciones soñadas no se conviertan en una pesadilla financiera. Descubrirás una lista cuidadosamente seleccionada de aplicaciones que no solo son útiles, sino transformadoras para tu experiencia de viaje. Desde pasar por seguridad en el aeropuerto con facilidad hasta viajar de manera segura en territorios desconocidos, te tenemos cubierto.

Pero eso es solo el comienzo. ¿Alguna vez te has encontrado luchando con un equipaje abultado o perdido en una ciudad extranjera? ¡No te preocupes más! Nuestros consejos prácticos sobre equipaje y empaque, junto con orientación esclarecedora sobre la navegación, te convertirán en un viajero astuto en poco tiempo.

El presupuesto y la planificación pueden parecer tediosos, pero con nuestras estrategias directas y efectivas, encontrarás alegría en la elaboración de tu itinerario perfecto sin arruinar tus finanzas. También exploraremos el mundo de los dispositivos de viaje, esas ingeniosas invenciones que pueden marcar una gran diferencia en tus viajes.

Y porque queremos que seas un viajero bien informado, arrojaremos luz sobre las estafas de viaje comunes y cómo evitarlas. Además, hay más: información sobre el transporte local, la comida y experiencias únicas que te esperan en diferentes rincones del mundo.

Este libro es tu pasaporte para viajar de manera más inteligente, segura y placentera.

Entonces, empaca tus maletas y emprendamos este viaje juntos. El mundo es vasto y está lleno de maravillas, y con este libro en mano, estarás bien equipado para explorarlo de formas que nunca creíste posibles. ¡Que comience la aventura!

Sobre el Autor

Elizabeth Delgado es una versátil escritora con una amplia experiencia de vida. Habla fluidamente tanto inglés como español y obtuvo su grado de Bachillerato de la Universidad EDP en Puerto Rico, donde pasó los años formativos de su vida.

Elizabeth escribe temas emocionantes no ficción que conecta diferentes culturas, gracias a su profundo entendimiento de ambas. Su escritura es clara, lógica y reflexiva, combinando ideas inteligentes con creatividad.

Sus raíces puertorriqueñas, y su estilo de vida actual en la ciudad de Nueva York, proporcionan un vibrante telón de fondo para su trabajo como agente de viajes y autora. Durante el día, Elizabeth trabaja como profesional en la industria financiera; por la noche, opera su agencia de viajes desde casa, utilizando sus propios viajes para inspirar a otros amantes de la exploración.

Ha convertido su pasión por los viajes en un recurso para otros exploradores. Su escritura no solo educa, sino que también inspira a los lectores a descubrir la alegría y los beneficios de viajar.

Pero Elizabeth no solo escribe sobre viajes. Cubre muchos temas diferentes que le apasionan, añadiendo su toque único. Escribe sobre asuntos de la vida cotidiana y grandes historias de vida, tratando de conectar con las emociones humanas y las aventuras. Elizabeth invita a sus lectores a no solo ver el mundo exterior, sino también el universo interior.

Puedes seguir su escritura y sus historias de viaje en Facebook en @RainbowTextPublishing o visitar su sitio web en www.rainbowtextpublishing.com.

Para consultas o consejos de viaje, puedes enviarle un correo electrónico a liz@rainbowtextpublishing.com.